UNIVERSITÄTSREDEN

HEFT 6

Ehrenpromotion
Yakov Malkiel

am Fachbereich Neuere Fremdsprachliche Philologien
der Freien Universität Berlin
am 6. Oktober 1983

DUNCKER & HUMBLOT / BERLIN

Alle Rechte vorbehalten
© 1984 Duncker & Humblot, Berlin 41
Gedruckt 1984 bei Berliner Buchdruckerei Union GmbH., Berlin 61
Printed in Germany

ISBN 3-428-05715-5

JÜRGEN TRABANT

Yakov Malkiel und die Berliner Romanistik

Sehr verehrter Herr Malkiel!
Sehr geehrter Herr Präsident,
liebe Kolleginnen und Kollegen,
meine Damen und Herren!

Der Fachbereich Neuere Fremdsprachliche Philologien der Freien Universität Berlin hat mir die Aufgabe erteilt, in seinem Namen zur Verleihung der Ehrendoktorwürde an Yakov Malkiel zu sprechen. Da ich selbst weder ein Fachmann der historischen Sprachwissenschaft bin, noch ein Fachmann für das Spanische, die romanische Sprache, mit der sich Malkiel am meisten beschäftigt hat, steht es mir nicht an, über das Werk Malkiels in seinem vollen Umfange zu sprechen. Dies wird in der folgenden Laudatio der in Deutschland hierzu sicher am meisten Berufene tun: Kurt Baldinger. Ich möchte daher nur — im Anschluß an die umfangreichen Würdigungen des Malkielschen Werkes durch Rebecca Posner[1] und Otto Gsell[2] — ganz summarisch die Gebiete der Sprachwissenschaft aufführen, auf denen Malkiel besonders gewirkt hat: die Etymologie (und deren Methodologie), die Wortbildung, Historische Laut- und Formenlehre, die Theorie der historischen — oder, wie Malkiel sagt, der „genetischen" — Sprachwissenschaft, die Geschichte der romanischen Sprachwissenschaft, sowie auf Malkiels in ihrer Wirkung unabschätzbare Initiative der

---

[1] *Rebecca Posner*, Thirty Years on, in: Iorgu Iordan/John Orr, An Introduction to Romance Linguistics. Its Schools and Scholars, Oxford 1970, S. 434 - 447.

[2] *Otto Gsell*, Das sprachwissenschaftliche Oeuvre Yakov Malkiels. Ein Forschungsbericht (1958 - 1978), Iberoromania 13, 1981, S. 1 - 29.

Gründung und Herausgeberschaft der führenden romanistischen Zeitschrift Amerikas *Romance Philology* hinweisen.

Die bedeutende wissenschaftliche Produktion Malkiels würde genügen, ihm Ehrendoktorwürden jeder beliebigen Universität der Welt einzutragen, und es wäre eine Ehre für jede Universität der Welt, Yakov Malkiel honoris causa promovieren zu dürfen. Die Berliner Universität hat aber eine ganz besondere Veranlassung, Yakov Malkiel zu ehren und sich durch die Annahme dieser Ehrendoktorwürde geehrt zu fühlen. Die Entlastung von der Aufgabe, das sprachwissenschaftliche Werk Malkiels würdigen zu müssen, gibt mir die Gelegenheit, auf diese besondere Beziehung Malkiels zur Berliner Universität aus der Sicht der heutigen Berliner Romanistik eingehen zu können. Ich knüpfe dabei an den wissenschaftshistorischen Teil des Werkes Malkiels an, der zusammengenommen mehrere Bände füllen würde und der Malkiel gewiß zu einem der bedeutendsten Historiographen der romanischen Sprachwissenschaft macht. Es gilt, Aspekte eines Stücks Wissenschaftsgeschichte zu skizzieren, die uns als die Ehrenden besonders angehen.

* * *

Lebenslauf

Ich, Jacques Malkiel, bin am 22. Juli 1914 in Kiew geboren. Ich bin Jude. Infolge der Revolution siedelten meine Eltern mit mir im August 1921 nach Berlin über, wo ich seitdem ununterbrochen wohne und als russischer Flüchtling im Besitz des Nansen-Ausweises bin. Nach vorbereitendem Besuch einer Privatschule trat ich Ostern 1924 in das Werner-Siemens-Realgymnasium zu Berlin-Schöneberg ein, wo ich neun Jahre später meine Reifeprüfung ablegte. Seitdem habe ich mich dem Studium der Sprachen auf der Friedrich-Wilhelms-Universität gewidmet. Ich besuchte Vorlesungen und Übungen bei Prof. Gamillscheg, Mittwoch, Hartmann, Norden, Wechssler, Vasmer, Strecker, Braune, bei Dozent Dr. Mönch, bei Regierungsrat Gautier, Dr. Reichenkron, Dr. Woltner, Dr. Olivier-Henrion, Dr. Petrone, Dr. Moreira, Dr. Fernández, Dr. Sponer, Dr. Luta sowie beim Gastprofessor Dr. Coutinho; ihnen allen fühle ich mich zu aufrichtigem Dank verpflichtet.

So lautet der Lebenslauf im Anhang an Malkiels Dissertation über das substantivierte Adjektiv im Französischen, mit der Malkiel vor 45 Jahren, kurz vor seinem 24. Geburtstag, in Berlin promovierte. Das Titelblatt nennt als Tag der mündlichen Prüfung den 17. Februar und als Tag der Promotion den 5. Mai 1938. Die Innenseite des Titelblatts weisen Ernst Gamillscheg als Doktorvater und Walter Mönch als Korreferenten aus.

Malkiel, der als russischer Flüchtling im Berlin der Nachkriegszeit aufwächst und am kulturellen Leben jener größten Zeit Berlins schon als Schüler aktiv teilnimmt, beginnt in dem Sommersemester zu studieren, in dem an den deutschen Universitäten die Bücher brennen, in dem die ersten sozialistischen und jüdischen Hochschullehrer von den Universitäten vertrieben werden aufgrund des sog. Gesetzes zur Wiederherstellung des Berufsbeamtentums. Seit seinem zweiten Semester gibt es — das kann man in den Berliner Vorlesungsverzeichnissen nachlesen — eine getrennte Immatrikulation für „Nichtarier". Im Frühjahr 1935 wird das Gymnasium geschlossen, an dem er sein Abitur gemacht hat. Marcel Reich-Ranicki, der Quartaner an dieser Schule war, als Malkiel sein Abitur machte, schreibt hierüber in den Erinnerungen über seine Schulzeit: „Das Werner-Siemens-Gymnasium in Berlin-Schöneberg, meine bisherige Schule, wurde 1935 aufgelöst. Diese ungewöhnliche Maßnahme hatte einen zeitbedingten Grund. In Schöneberg, zumal in den Vierteln um den Bayerischen Platz und den Viktoria-Luise-Platz, wohnten viele Juden. Manche von ihnen konnten es sich nicht mehr leisten oder sahen keinen Sinn darin, ihre Söhne weiterhin auf die höhere Schule zu schicken. So war schon bald nach der Machtübernahme die Zahl der Schüler des Werner-Siemens-Gymnasiums stark zurückgegangen. Überdies soll es bei den neuen Behörden einen besonders schlechten Ruf gehabt haben: Es galt als liberal".[3] Vom Sommersemester 1935 an wird sogar das Druckbild der Berliner Vorlesungsverzeichnisse „deutsch": Die bis dahin übliche Antiqua-Schrift wird durch die „völkische" Fraktur ersetzt. In Malkiels sechstem Semester, dem Wintersemester 1935, verlieren aufgrund

---

[3] *Marcel Reich-Ranicki,* Geliehene Jahre, Frankfurter Allgemeine Zeitung, 21. 8. 1982. Diesen Hinweis verdanke ich einem ehemaligen Schüler des Werner-Siemens-Gymnasiums, Herrn Hans Stark.

der Nürnberger Gesetze die noch verbliebenen jüdischen Hochschullehrer ihre Stellen, unter ihnen der einzige akademische Lehrer, an den Malkiel mit Wärme zurückdenkt, der Semitist Eugen Mittwoch. Auch Ernst Lewy, der den Geist der Humboldtschen Sprachwissenschaft an der von Humboldt gegründeten Universität weitergetragen hat, wird zum Jahresende 1935, wie es heißt, „dauernd beurlaubt".[4] Das Vorlesungsverzeichnis für das Sommersemester 1936 weist bei den Hinweisen für die Studenten keinen Passus mehr für die getrennte Einschreibung von „Nichtariern" auf. Diesen ist der Besuch deutscher Universitäten verboten. Am 15. April 1937 erläßt das Reichsministerium für Wissenschaft, Erziehung und Volksbildung ein Verbot der Doktorprüfung für Juden.[5] Es ist das neunte Semester des Studenten Malkiel, der gerade an seiner Dissertation arbeitet. Der im Lebenslauf erwähnte Nansenausweis, der nach einer von Fritjof Nansen angeregten internationalen Konvention russischen Flüchtlingen den Aufenthalt in den Ländern garantiert, in die sie geflohen waren, und der Malkiel vor allem als Ausländer auswies, bewahrte Malkiel zunächst vor den Repressalien gegen die deutschen Juden und ermöglichte es, daß Malkiel seine Promotion im Frühjahr 1938 noch abschließen konnte.[6] Malkiel promovierte ein halbes Jahr, bevor die Synagogen in Flammen aufgingen. Er entgeht dem sich anbahnenden Holocaust durch die Emigration.

Elise Richter — die erste habilitierte Frau in Deutschland und Österreich — kommt in Theresienstadt um[7], Victor Klemperer überlebt wie durch ein Wunder im Dresdener Judenhaus. Hatzfeld, Auer-

---

[4] Vgl. Chronik der Friedrich-Wilhelms-Universität zu Berlin, April 1935 - März 1936, S. 32. Vgl. auch die lange Liste der schon aufgrund des Gesetzes vom 7. 4. 1933 Entlassenen in der Chronik April 1932 - März 1935, S. 38 - 42.

[5] Vgl. *Helmut Eschwege* (Hrsg.), Kennzeichen J. Bilder, Dokumente, Berichte zur Geschichte der Verbrechen des Hitlerfaschismus an den deutschen Juden 1933 - 1945, Frankfurt am Main 1979, S. 351.

[6] Am 9. Juni 1938 wird auch noch die Teilnahme „nichtarischer" Gasthörer an Vorlesungen der Universität verboten, vgl. ebd., S. 352.

[7] Vgl. *Yakov Malkiels* Einleitung zu: Elise Richter, Kleinere Schriften zur allgemeinen und romanischen Sprachwissenschaft, Innsbruck 1977, S. 9 - 12.

bach, Spitzer, Olschki emigrieren. Wie seine etwas älteren Freunde —
ebenfalls Doktoren der romanischen Sprachwissenschaft der Berliner
Universität — Heinrich Kahane, Renée Toole Kahane, Georg Sachs
und Leonie Feiler-Sachs, wie der Berliner Provenzalist Kurt Lewent
findet Malkiel Aufnahme in Amerika. Malkiels Emigration ist ein
Teil der „geistigen Enthauptung Deutschlands"[8], bei der über 30 %
des akademischen Personals der deutschen Universität verlorenging
und sicher ein ebenso hoher Prozentsatz jüngerer Wissenschaftler, die
noch nicht offiziell in der akademischen Karriere verankert waren.[9]

Was hat der Student Malkiel an der Berliner Universität studieren
können in dieser Zeit? Die Namen der Lehrer, die er in seinem Lebenslauf erwähnt, stehen für die Fächer Slavistik, Semitistik, klassische Philologie und natürlich — Romanistik. Malkiel hat, wie aus
den Danksagungen an die Lektoren hervorgeht, alle fünf großen romanischen Sprachen an der Universität betrieben. Französisch und
Italienisch konnte er schon, als er die Universität bezog, natürlich
neben den beiden anderen Schulsprachen Englisch und Latein und
dem heimatlichen Russisch. Portugiesisch, Spanisch und Rumänisch

---

[8] Vgl. *Helge Proß*, Die geistige Enthauptung Deutschlands: Verluste
durch Emigration, in: Freie Universität Berlin (Hrsg.), Universitätstage
1966: Nationalsozialismus und die deutsche Universität, Berlin 1966,
S. 143 - 155; vgl. auch *dieselbe:* Die deutsche akademische Emigration nach
den Vereinigten Staaten 1933 - 1941, Berlin 1955.

[9] Nach einer Aufstellung in *Eschwege* (Hrsg.), a.a.O., S. 86, betrug der
„Emigrationsverlust" der deutschen Hochschulen insgesamt 39 % des wissenschaftlichen Personals, bei den Geisteswissenschaften waren es sogar
43 %. Die Namen der von den Nazimaßnahmen betroffenen Romanisten
sind nachzulesen in der List of Displaced German Scholars, die 1936 (mit
einer Ergänzung 1937) der Academic Assistance Council in London herausgegeben hat. Auch die Zahl der Studenten an deutschen Universitäten
ist im Wintersemester 1934/35 im Vergleich zum Wintersemester 1932/33
um ein Drittel zurückgegangen, vgl. *Karl Heinz Janke*, Über den Widerstandskampf Berliner Studenten gegen Faschismus und imperialistischen
Krieg, in: Forschen und Wirken. Festschrift zur 150-Jahr-Feier der Humboldt-Universität zu Berlin 1810 - 1960, Bd. I: Beiträge zur wissenschaftlichen und politischen Entwicklung der Universität, Berlin 1960, S. 559.
Jahnke erinnert in diesem Beitrag im übrigen an die Widerstandsgruppen
um Herbert Baum und um Schulze-Boysen/Harnack, unter deren 1942 hingerichteten Mitgliedern sich auch Studenten romanischer Sprachen befanden.

lernte er auf der Universität, Provenzalisch und Altfranzösisch kamen selbstverständlich hinzu. In der romanischen Sprachwissenschaft hatte er nach den Vorlesungsverzeichnissen seiner Studienjahre, die ich durchgesehen habe, Gelegenheit, das klassische Curriculum der traditionellen Romanistik bei seinem Lehrer Gamillscheg zu durchlaufen. Gamillscheg hat in jenen fünf Jahren Lehrveranstaltungen zu den fünf bzw. sechs großen romanischen Sprachen angeboten: im Französischen Lehrveranstaltungen zur historischen Lautlehre, Formenlehre, Wortbildungslehre, Syntax sowie zur neufranzösischen Schriftsprache, zu Gamillschegs Spezialgebiet, der Romania germanica, sowie Übungen zum Sprachatlas, Altfranzösischen und Provenzalischen und Seminare zur neufranzösischen Literatur (die übrigens auf französisch abgehalten wurden). Das Spanische, dem später Malkiels Hauptinteresse gelten sollte, ist mit Lehrveranstaltungen zur spanischen Syntax und Formenlehre und mit einem Seminar zum *Cid* vertreten, ähnlich das Italienische mit Laut- und Formenlehre, einer Übung zum Sprachatlas und Dante-Lektüre; sodann historische rumänische Grammatik und Altportugiesisch. Resultat dieses Lehrangebots war ein nach dem klassischen zentraleuropäischen Romanistik-Curriculum ausgebildeter Vollromanist, allerdings mit weit über den Vollromanisten hinausgehenden zusätzlichen Sprachkenntnissen, die so charakteristisch sind für das Werk Malkiels.

Malkiel hat sich immer wieder zu dieser Tradition der Romanistik bekannt, die ihn geprägt hat und der sein ganzer wissenschaftlicher Eros gehört. Er hat wie kein anderer aus Deutschland emigrierter Romanist diese Konzeption der romanischen Sprachwissenschaft in Amerika verbreitet in einem linguistischen Kontext, in dem diese Art des Sprachstudiums zwar nicht fremd — denn auch die amerikanische Romanistik richtete sich nach europäischer Tradition — wohl aber doch nicht aktuell erschien. Dieses Programm der „Vollromanistik" europäischer Prägung spiegelt sich auch noch in seiner späteren Standortbestimmung der romanischen Sprachwissenschaft, als deren charakteristische Züge er die historische Orientierung, das Dokumentiertsein der Mutter-Sprache Latein und ihrer Tochtersprachen durch die Jahrhunderte, die enge Verbindung von Philologie im engeren Sinne und Sprachwissenschaft, die Wichtigkeit des konkret dokumentierten Details, die Bedeutung der diatopischen Variation und die Berücksichtigung der Literatursprache ansieht.[10] Malkiel wird dann auch mit seiner Zeitschrift *Romance Philology*, die er 1947 gründet, und mit der Ausstrahlung seiner Lehr- und Publikationstätigkeit in Berkeley so etwas wie ein Neubegründer der Romanistik in dieser traditionellen europäischen Form.[11] Dabei treibt ihn aber sowohl sein wissenschaftliches Temperament als auch die Notwendigkeit der Auseinandersetzung mit dem anderen linguistischen Klima Amerikas dazu, sich mit den Ansätzen vertraut zu machen, die über jenes traditionelle Paradigma hinausgehen, so daß Rebecca Posner ihn wohl zurecht als einen „Neotraditionalisten" bezeichnen kann, als einen jener seltenen Gelehrten „who combine the ‚digested experience' of tradition with the breadth of vision that engenders methodological innovation, bridging the gaps between ‚outworn' positivism and ‚new fangled' formalism".[12] Und sie fügt hinzu, daß diese Brückenbauer besondere Aufmerksamkeit und Bewunderung verdienen.

* * *

Die Verbundenheit Malkiels mit der großen europäischen Tradition der Romanistik dokumentiert sich in seinen wissenschaftsgeschichtlichen Darstellungen durch die wiederholte Herausstellung der Zeit vor dem Ersten Weltkrieg als des Gipfels der Entfaltung der romanischen Sprachwissenschaft. Unzweifelbarer Höhepunkt der Romanistik ist für Malkiel die Zeit Ascolis, Toblers, Gröbers, Schuchardts, Meyer-Lübkes usw., über die er nachher auch wieder sprechen wird. Immer wieder gibt er seiner Trauer über den Niedergang jener, vor allem von den deutschsprachigen Universitäten getragenen klassischen Ro-

---

[10] Vgl. *Yakov Malkiel*, Distinctive Traits of Romance Linguistics, in: Y. M., Essays on Linguistic Themes, Berkeley und Los Angeles 1968, S. 47 - 69.

[11] „Die amerikanische Doppelmission M.s zunächst zugunsten einer Romanistik, die beste europäische Tradition fortsetzt, sodann auch zugunsten einer Neubelebung der diachronischen Linguistik überhaupt [...] stellt eine wissenschaftliche Leistung dar, deren längerfristiger Ertrag heute noch gar nicht abzuschätzen ist" (*Gsell*, a.a.O., S. 24).

[12] *Posner*, a.a.O., S. 433 f.

manistik Ausdruck. Neben diesem Grundmuster von Aufstieg und Niedergang des Fachs sehe ich aber bei Malkiel auch noch eine andere, nicht ganz so starke Bewegung in der Wissenschaftsgeschichte am Werk, die der ersten zuwiderläuft: Seinem traditionalistischen Lehrer Gamillscheg setzt er nämlich einige Verse von Rilke entgegen, in denen die zentralen Worte „wolle die Wandlung" lauten. D. h. bei aller Verbundenheit mit jenem traditionellen Paradigma der romanischen Sprachwissenschaft, bei aller Trauer um dessen Niedergang, spielt bei Malkiel immer auch — das dürfte bei einem historischen Sprachwissenschaftler eigentlich auch gar nicht anders sein — Sympathie und Freude an der Veränderung, Einsicht in die Notwendigkeit von Umwälzung und Erweiterung eine große Rolle. Er ist Neotraditionalist auch in seiner Sicht der Wissenschaftsgeschichte: Er bleibt seiner wissenschaftlichen Heimat und deren ursprünglicher Aufgabe treu, das *Werden* der Sprache zu erforschen, aber er bereichert sie kosmopolitisch mit allem, was für diese einmal gestellte Aufgabe fruchtbar erscheint, und er respektiert neue Aufgaben und Fragestellungen, auch wenn es nicht die seinen sind: „A community of linguists at its best calls to mind a fine symphony orchestra in which, enviably enough, each instrument and each group of instruments retains a perceptible measure of individuality while contributing its share to the tonal effect of the whole", schreibt er abschließend zu seiner Charakteristik der romanischen Sprachwissenschaft.[13]

Von Malkiels wissenschaftshistorischem Topos vom Gipfel der romanischen Sprachwissenschaft vor dem ersten Weltkrieg und ihrem ständigen Niedergang danach, gegen den auch schon Gsell Zweifel angemeldet hat[14], möchte ich mich als jüngerer Romanist doch gern zu einer kritischen Bemerkung provozieren lassen. Nach allem, was ich von Yakov Malkiel gelesen habe, bin ich sicher, daß ihm dieser, die Gepflogenheiten einer offiziellen Laudatio verletzende Widerspruch gefällt.

Die Zeit vom Ersten Weltkrieg bis heute ist in der Tat in gewisser Hinsicht eine Zeit des „Niedergangs" jenes glanzvoll von den deutschsprachigen Universitäten getragenen Paradigmas der historischen ro-

---

[13] *Malkiel*, a.a.O., S. 69.
[14] *Gsell*, a.a.O., S. 20.

manischen Sprachwissenschaft, innerhalb dessen es allerdings tiefgreifende Gegensätze gibt — insbesondere die Auseinandersetzung zwischen „Positivisten" und „Idealisten" —, ohne daß schon der diachronische oder historische Rahmen aufgekündigt worden wäre.

Gleich nach dem Ersten Weltkrieg setzt aber eine kompliziert verzweigte *Querelle des Anciens et des Modernes* ein, die die Unverrückbarkeit des traditionellen Schemas erschüttert. Allerorten kündigt sich vor allem der die weitere Geschichte der Linguistik bestimmende Gegensatz von synchronischer und diachronischer Sprachwissenschaft an, in einer Diskussion, die nun allerdings nicht mehr hauptsächlich von der deutschsprachigen sprachwissenschaftlichen Kultur getragen wird. Wenn irgendwo in der Geschichte der Sprachwissenschaft die Redeweise vom Paradigmawechsel berechtigt ist, dann hier.[15] Was also niedergeht, ist die *Dominanz* des einen romanistischen Paradigmas, das allerdings — wie Malkiels eigenes Werk bezeugt — bis heute noch beachtliche Leistungen erzeugt, was niedergeht ist damit die Dominanz der deutschsprachigen Romanistik; deswegen ist aber die romanische Sprachwissenschaft insgesamt noch nicht gesunken.

Allerdings gibt es in der zur Diskussion stehenden Zeit einen wirklichen Niedergang der *deutschen* Romanistik:

Das erste Moment des Niedergangs der deutschen Romanistik insgesamt, d. h. von Sprach- und Literaturwissenschaft, sehe ich in jener als Öffnung auf neue Fragestellungen und auch als Öffnung auf die Schule gedachten — also eigentlich „fortschrittlich" gemeinten — Aufarbeitung des politischen Gegensatzes zu Frankreich. Nach dem Ersten Weltkrieg wurden speziell von Romanisten die politisch bedingten tiefgreifenden Ressentiments gegen alles Französische in pseudowissenschaftlichen Rationalisierungen von Vorurteilen als völkerpsychologische „Erkenntnisse" thematisiert.[16] „Westlich", französisch war

---

[15] Vgl. *Hans-Martin Gauger/Wulf Oesterreicher/Rudolf Windisch*, Einführung in die romanische Sprachwissenschaft, Darmstadt 1981, S. 67.

[16] Schon früh hat *Leo Spitzer* auf die Gefahr dieses „neuen Romanistentums" hingewiesen, das aus der romanischen Philo-Logie eine romanische Phobo-Logie zu machen drohte, in: Der Romanist an der deutschen Hochschule, Die Neueren Sprachen 35, 1927, S. 241 - 260.

ja auch die junge Demokratie, mit der sich die akademischen „Bürger" nicht anfreunden konnten. Die Abneigung dieser Elite gegen die Demokratie mitsamt den romanistischen Konstrukten eines vermeintlich ewigen, weil biologisch begründeten, Gegensatzes von Esprit und Geist ging ohne große Umwälzung der Geister in der nationalsozialistischen Ideologie auf.[17] Dieses Neue bot in der Tat keine internationalen Exportartikel der deutschen Universitäten mehr, wie es die nach dem alten Paradigma produzierten Arbeiten doch noch weiterhin blieben.

Das zweite Moment des Niedergangs speziell der deutschen romanischen *Sprach*wissenschaft sehe ich dann darin, daß die Naziherrschaft die deutschsprachige Sprachwissenschaft insgesamt von jener Umwälzung der Linguistik, von jenem Paradigmawechsel international isolierte, an dem sie vorher doch noch mitgewirkt hatte. Trubetzkoys *Grundzüge* sind noch 1939 — in Prag — auf deutsch erschienen, Roman Jakobson schreibt sogar noch 1944 *Kindersprache, Aphasie und allgemeine Lautgesetze* auf deutsch (Erscheinungsort: Uppsala).

---

[17] „Jedenfalls macht es uns gerade im Hinblick auf die glanzvollen Leistungen der zwanziger Jahre zu schaffen, daß weder Kenntnisreichtum noch Bildungsniveau sich in dieser Wissenschaft als hinreichende Schwellen gegen ihre Inkubation durch die politischen Leitsätze des Nationalsozialismus erwiesen haben." Dieser Frage, die *Eberhard Lämmert* in bezug auf die Germanistik gestellt hat, in: Germanistik — eine deutsche Wissenschaft?, in: FU (Hrsg.), a.a.O., S. 83, ist inzwischen verschiedentlich auch in bezug auf die Romanistik nachgegangen worden, vgl. z. B. *Michael Nerlich*, Romanistik und Antikommunismus, in: Das Argument 72, 1972, S. 276 - 313; *Michael Nerlich* (Hrsg.), Kritik der Frankreichforschung, 1871 - 1975, Berlin und Karlsruhe 1977; *Jürgen Trabant*, Xenophobie als Unterrichtsfach, in: Reinhard Dithmar/Jörg Willer (Hrsg.), Schule zwischen Kaiserreich und Faschismus, Darmstadt 1981, S. 33 - 51. Zur politischen Haltung der deutschen Universität vgl. *Wolfgang Abendroth*, Das Unpolitische als Wesensmerkmal der deutschen Universität, in: FU (Hrsg.), a.a.O., S. 189 - 208; *Kurt Sontheimer*, Die Haltung der deutschen Universitäten zur Weimarer Republik, ebd., S. 24 - 42; *Theodor Eschenburg*, Aus dem Universitätsleben vor 1933, in: Andreas Flitner (Hrsg.), Deutsches Geistesleben und Nationalsozialismus. Eine Vortragsreihe der Universität Tübingen, Tübingen 1965, S. 24 - 46. Aus dem Sumpf „vaterländischer" Professorenreden ragt als eine der wenigen Ausnahmen Karl Voßlers Rektoratsrede von 1927 hervor, vgl. *Karl Voßler*: Politik und Geistesleben, Münchener Universitätsreden, H. 8, München 1927.

Nach dem Krieg wird Ähnliches nicht mehr auf deutsch geschrieben. Wer sollte es denn schon lesen in einer Sprache, die aus einer Sprache der Wissenschaften zur Sprache des Unmenschen, zur *Lingua Tertii Imperii* geworden war.

Mit jahrzehntelanger Verspätung scheint die deutsche romanische Sprachwissenschaft wieder *voix au chapitre* zu bekommen. In *Romance Philology* 32 und 34 präsentieren die Freunde Malkiels, die Schüler Gamillschegs und Berliner Doktoren Henry und Renée Kahane eine Reihe romanistischer Arbeiten aus den sechziger und siebziger Jahren und sprechen in diesem Zusammenhang von „Romance studies in present day Germany which, after the wide gap, is once more contributing vigorously to the field"[18], ein Lob, das uns alle ehrt.

* * *

Schließlich möchte ich noch auf einen Aspekt der wissenschaftsgeschichtlichen Arbeiten Malkiels hinweisen, für den wir Berliner Romanisten Malkiel besonders dankbar sind: Malkiel ist nämlich der wichtigste Historiograph der Berliner Romanistik der Zeit vom Beginn dieses Jahrhunderts bis 1945. 1910 ist die letzte größere Darstellung der Berliner Romanistik, Alfred Risops Arbeit *Die romanische Philologie an der Berliner Universität. 1810 - 1910*, Erlangen 1910, erschienen. Der erste Berliner Ordinarius, Tobler, hat noch kurz vor seinem Tode in der Zentenarschrift der Berliner Universität 1910 einen Abriß seines Wirkens gegeben[19]; danach gibt es nur noch die Jahresberichte in der Chronik der Friedrich-Wilhelms-Universität. Gamillscheg, der 1960 diese Geschichte hätte schreiben können anläßlich der 150-Jahr-Feier der Berliner Universität, schreibt statt dessen über „Substrat und Verkehrssprache".[20]

---

[18] Vgl. *Henry Kahane/Renée Kahane*, Recent German Writings on Linguistic Themes, Romance Philology 32, 1978, S. 93 - 110, Zitat S. 94, und Romance Philology 34, 1981 (Special Issue), S. 2 - 32.

[19] *Adolf Tobler*, Das romanische Seminar, in: Max Lenz, Geschichte der Königlichen Friedrich-Wilhelms-Universität zu Berlin, Bd. 3: Wissenschaftliche Anstalten. Spruchkollegium. Statistik, Halle 1910, S. 230 - 232.

Dagegen vermitteln mehrere Arbeiten Malkiels ein Bild der Berliner Romanistik bis 1945: Einer seiner längsten Nekrologe ist seinem Lehrer Ernst Gamillscheg gewidmet, der ab 1925 den romanistischen Lehrstuhl innehatte.[21] Ein weiterer Nachruf gilt Max Leopold Wagner[22], der schon während des Ersten Weltkriegs Privatdozent, schließlich von 1922 bis 1924 außerordentlicher Professor in Berlin war, der designiert war für die ordentliche Professur, die er aber nicht antreten konnte, da er die Universitätslaufbahn aufgeben mußte — auch dies ein noch nicht aufgearbeitetes Kapitel der Geschichte der alten deutschen Universität. In diesen beiden Aufsätzen erinnert Malkiel an das Wirken der beiden Schüler Toblers, Ebeling und Lommatzsch, und des Schülers des Tobler-Nachfolgers Heinrich Morf, Gerhard Rohlfs, die in Berlin als Privatdozenten lehrten, bevor sie an andere Universitäten berufen wurden.

Drittens gedenkt Malkiel des Berliner Provenzalisten Kurt Lewent, der 1905 bei Tobler promovierte, bis 1935 an der Universität unterrichtete und noch 1941 nach Amerika fliehen konnte, wo er hochbetagt 1965 gestorben ist.[23] Er macht in einer weiteren Arbeit auf Georg Cohn, ebenfalls Tobler-Schüler, aufmerksam, der es niemals zu akademischen Ämtern gebracht hat und bis zu seinem Ende in Hitlers Vernichtungslagern in Berlin als Privatgelehrter gelebt hat.[24] In diesen Arbeiten gibt uns Malkiel weiterhin Kunde vom Leben anderer

---

[20] *Ernst Gamillscheg*, Substrat und Verkehrssprache, in: Hans Leussink u. a. (Hrsg.), Studium Berolinense. Aufsätze und Beiträge zu Problemen der Wissenschaft und zur Geschichte der Friedrich-Wilhelms-Universität zu Berlin (= Gedenkschrift zur 150. Wiederkehr des Gründungsjahres der Friedrich-Wilhelms-Universität), Berlin 1960, S. 525 - 544.

[21] *Yakov Malkiel*, Ernst Gamillscheg (1887 - 1971) and the Berlin School of Romance Linguistics, Romance Philology 27, 1973, S. 172 - 189.

[22] *Yakov Malkiel*, Max Leopold Wagner, Romance Philology 16, 1963, S. 281 - 287.

[23] Vgl. die Widmung von *Yakov Malkiel*, die der Bibliographie der Werke Kurt Lewents vorangestellt ist, in: Romance Philology 20, 1967, S. 389 - 390.

[24] *Yakov Malkiel*, Between Heymann Steinthal and Adolf Tobler: Georg Cohn in Turn-of-the-Century Berlin, Historiographia Linguistica 5, 1978, S. 237 - 251.

Berliner Romanisten seiner Generation, die in Deutschland keine wissenschaftliche Karriere mehr machen konnten und die in der Emigration ihr wissenschaftliches Werk weiterführten, wie die schon erwähnten Leonie Feiler Sachs, Georg Sachs, Heinrich Kahane und Renée Toole Kahane. Schließlich wird Malkiel heute in seinem Vortrag seine Geschichte der Berliner Romanistik um ein Kapitel über Tobler bereichern. Uns diese Tradition bewahrt zu haben, dafür danke ich Yakov Malkiel im Namen der Berliner Romanisten.

Und ich übergebe das Wort Kurt Baldinger, der — ein weiteres Kapitel Berliner Romanistik-Geschichte —, nachdem Walther von Wartburg 1947 für kurze Zeit von Basel zum Wiederaufbau der Romanistik an die Berliner Universität gekommen war, diese Aufgabe von 1948 bis 1957 an der Humboldt-Universität weitergeführt hat. Dies macht uns schließlich der Tatsache bewußt, daß wir Yakov Malkiel heute nicht zum Ehrendoktor der Berliner Universität, sondern nur zum Ehrendoktor *einer* Berliner Universität promovieren können.

Kurt Baldinger

Yakov Malkiel

„Se, per improbabile ipotesi, si dovesse compilare un elenco dei dieci cultori di linguistica più insigni nel mondo, per vastità d'informazione, per robustezza di pensiero, per capacità di organizzazione di lavoro, fra essi un posto eminente speterebbe a Yakov Malkiel, professore di filologia romanza e di linguistica a Berkeley." So das Urteil von Bruno Migliorini schon 1970[1]. Im gleichen Jahr unterstreicht Rebecca Posner „the leading position he occupies in Romance linguistics today"[2]. Sie nennt ihn „the most articulate of Romance methodologists" und betont seine „scrupulous integrity" und „the quick brilliance and wit of his thought, coupled with the breadth and depth of his knowledge"[3]. Manuel Alvar bewundert seine „erudición portentosa" und den „rigor extraordinario", mit denen er besonders „intrincados problemas" angeht[4], und sein Landsmann Diego Catalán stellt 1972 fest: „Yakov Malkiel's contributions ... are without a doubt the most consistent and systematic effort to revise the Neogrammatical synthesis, and, what is more important, to restate the very bases of investigation"; sein Werk habe „a true methodological importance for general linguistics"[5]. „Implicite à *tous* les essais, et j'ai

---

[1] *Yakov Malkiel*, Linguistica generale, filologia romanza, etimologia [1954 - 1962], Firenze (Sansoni) 1970, S. IX.

[2] *Iordan-Orr*, An Introduction to Romance Linguistics, Its Schools and Scholars, Revised, with a supplement Thirty Years On by R. Posner, Oxford (Blackwell) 1970, S. 436.

[3] Ibid. S. 434.

[4] *Iorgu Iordan*, Lingüística románica, Reelaboración parcial y notas de Manuel Alvar, Madrid (Alcalá) 1967, S. 313 f.

[5] Current Trends in Linguistics, vol. 9, Linguistics in Western Europe, The Hague — Paris (Mouton) 1972, S. 1082 und 1086.

lieu de croire — so das Urteil von Peter F. Dembowski — à *tous* les écrits de Yakov Malkiel, est sa défense de l'unité de la linguistique ... [Il] n'a cessé de croire à l'interdépendance théorique de toutes les branches de la linguistique. Historien et linguiste, il se tient au courant de toutes les nouveautés, mais il refuse toujours de devenir victime d'un des engouements passagers dont notre science n'est pas, hélas, exempte"[6]. Schließlich bezeichnete vor kurzem Otto Gsell in einer ausgezeichneten kritischen Würdigung seines Werks Yakov Malkiel „als Integrationisten ..., der es ... verstanden hat, ‚alte' und ‚neue' Linguistik, Praxis und Theorie der Sprachwissenschaft miteinander zu verbinden" und der sich stets um eine „Verklammerung von individualisierender und von systematischer Sprachbetrachtung" bemühte[7]. „Es geht Malkiel — so immer noch Gsell — gerade darum, und das ist eine der wesentlichen ‚Botschaften' seines Oeuvres, daß die herkömmliche Sicht der starren Grenze zwischen Grammatik und Wortschatz nicht haltbar ist, daß zwischen System und Einzelfall ein weites Feld faszinierender Aufgaben liegt, nicht zuletzt auch ein Gutteil der bisher ungelösten etymologischen Probleme"[8]. Mit Recht zählt Gsell die eine „complex solution" entwickelnden Arbeiten Malkiels „zu seinen typischsten und zugleich reifsten"[9].

Diese sechs Zeugnisse aus fünf Ländern würden es allein schon rechtfertigen, Yakov Malkiel mit einem Ehrendoktorat auszuzeichnen, wie dies schon 1969 die Universität von Chicago, 1976 die University of Illinois und 1983 die Universität von Paris getan haben. Die Freie Universität Berlin hat aber noch viel unmittelbareren Anlaß dazu: Yakov Malkiel wurde 1938 von der Berliner Universität promoviert. Hinter diesem Datum verbergen sich Dramatik und Tragik, wie Herr Trabant eindrücklich gezeigt hat.

---

[6] *Peter F. Dembowski* in seiner Besprechung des Sammelbandes von Y. Malkiel, Essays on Linguistic Themes, Oxford (Blackwell) 1969, und des in Fn. 1 zitierten Sammelbandes von 1970 (RLiR 36, 1972, 163 - 172; Zitat S. 172).

[7] *Otto Gsell*, Das sprachwissenschaftliche Oeuvre Yakov Malkiels, Ein Forschungsbericht (1958 - 1978), Iberoromania 13, 1981, 1 - 29 (Zitat S. 23).

[8] Ibid. S. 5.

[9] Ibid. S. 9.

Yakov Malkiel wurde am 22. Juli 1914 in Kiew geboren, eine Woche, bevor der Erste Weltkrieg ausbrach. Die frühesten Kindheitserinnerungen enthalten auch Reisebilder aus der Krim (1918) und dem Kaukasus (1917). Die Eltern kamen aus gebildeten Handelskreisen; sein Vater war in Sankt Petersburg zum Advokaten ausgebildet worden und war mit Erfolg in der Industrie tätig. Mehrere rund zwanzig Jahre ältere Cousins väterlicherseits begannen sich in der zum Formalismus führenden Bewegung (dazu gehörten u. a. Victor Žirmunskij und Yurij Tynjanov) hervorzutun. Ein Cousin mütterlicherseits war der bekannte Romanschriftsteller und Essayist Mark Aldanov (Kiew 1889 - Nizza 1957). Kiew wurde zum Brennpunkt des Bürgerkrieges, der die Familie völlig ruinierte. 1921 entschlossen sich Malkiels Eltern, nach Berlin zu gehen. Es war der erste Neuanfang für den siebenjährigen Yakov. 1924 kam er in das ausgezeichnete Werner-Siemens-Realgymnasium in Berlin-Schöneberg, in welchem Natur- und Geisteswissenschaften in sinnvoller und ausgeglichener Weise gepflegt wurden. Der junge Malkiel interessierte sich zunächst stärker für die moderne Literatur und arbeitete an literarischen Zeitschriften wie *Die Literatur* und *Die neue Rundschau* mit. Er pflegte weiterhin Russisch, erwarb aber neben Deutsch auch gute Kenntnisse in Latein, Französisch, Englisch und Italienisch. Er bestand das Abitur am 3. März 1933, also zwei Tage vor der Bestätigung der nationalsozialistischen Machtergreifung durch die Reichstagswahl. Trotzdem konnte er sein Studium in Berlin aufnehmen, als Ausländer und vor allem als Jude allerdings nur in strenger Zurückgezogenheit. Es war für ihn eine bittere Zeit. Er studierte Romanistik, Slawistik und Orientalistik, beschäftigte sich mit Altfranzösisch und Provenzalisch, Altkirchenslavisch, Hebräisch und Arabisch, lernte Spanisch und Portugiesisch. Seine Professoren waren Eugen Mittwoch — der einzige, an den er sich gern erinnert —, Max Vasmer, Ernst Gamillscheg, Eduard Wechssler, Karl Strecker und Eduard Norden. 1938 schloß er sein Studium mit einer magna cum laude bewerteten Dissertation über *Das substantivierte Adjektiv im Französischen* ab — ich werde gleich darauf zurückkommen —, und bereitete energisch seine Emigration vor, fand aber überall verschlossene Türen. Nur mit größter Mühe — er hatte die Hoffnung schon fast aufgegeben — gelang es ihm nach Kriegsausbruch — im Februar 1940 — mit seinen alten Eltern über

Holland per Schiff nach Amerika zu entkommen. Es folgten zwei Jahre in New York auf der Suche nach einer sinnvollen Betätigung, zwei Jahre, die Yakov Malkiel selbst zu den traurigsten seines Lebens zählt. Die ökonomische Situation des Landes war katastrophal; die um 1930 einsetzende Krise war längst nicht überwunden. Tomás Navarro war einer der wenigen Professoren, die versuchten, ihm zu helfen. Er machte ihn auf das Instituto de Filología de Buenos Aires und auf die *Revista de filología hispánica* aufmerksam. Und bei Tomás Navarro an der Columbia University sah er im März 1940 zum ersten Mal eine Arbeit von María Rosa Lida, die er später „durch Zufall" in Cambridge, Mass., wiedertraf und die er 1948 heiratete. Die Wirtschaftskrise zwang ihn, in den Westen zu gehen. An der Universität von Wyoming hielt er sich zunächst vier Monate mit einem bescheidenen Posten über Wasser und unterrichtete Latein und moderne Sprachen, insgesamt nicht weniger als sechs verschiedene, und dies in einem geradezu cowboyesken Milieu. Der bekannte Hispanist S. Griswold Morley lud ihn zu einem Besuch an die Pazifikküste ein, und Malkiel ließ sich diese Gelegenheit nicht entgehen. Der Zufall wollte es, daß am Tage seines Besuches in Berkeley ein junger kanadischer Assistent als Offizier zur Marine eingezogen wurde, so daß Morley ihm sogar einen — wenn auch bescheidenen — Posten anbieten konnte. Malkiel zögerte keine Minute — und seit Juni 1942 ist Yakov Malkiel Berkeley treu geblieben, abgesehen natürlich von einer Reihe von Vortrags-, Kongreß- und Forschungsreisen, oder als Visiting Professor, die ihn seither auch mehrmals nach Europa zurück führten. Jetzt endlich verlief seine Karriere geradlinig; 1947 begründete er die Zeitschrift *Romance Philology*, auf die ich noch zurückkommen werde. 1946 nahm er die amerikanische Staatsbürgerschaft an. 1952 wurde er ‚full professor'. Die Zeit von 1948 bis 1962, also die Zeit bis zum Tode von María Rosa Lida[10], bezeichnet Malkiel selbst als besonders

---

[10] Zu María Rosa Lida de Malkiel s. den Nachruf von *Yakov Malkiel* in Romance Philology (= RPhil oder RomPhil) 17, 1963, 9 - 32; ihre Bibliographie ib. 33 - 52, sowie RPhil 20, 1966, 44 - 52 (s. außerdem die Breve Autobibliografía analítica 1969, Nr. 271 und 272, sowie 29; Personal Profile RPhil 17, 53 - 54; *Y. M.*, Cómo trabajaba María Rosa Lida de Malkiel, Homenaje a Rodríguez-Moñino: Estudios de erudición ..., Madrid 1966, 371 - 379; zuletzt *Y. M.*, Recognition for María Rosa Lida de

glücklich. Mitte der sechziger Jahre erreichte seine Karriere einen ersten Höhepunkt: 1963 bis 1966 war er Prodekan, 1965 Präsident der Philological Association of the Pacific Coast und vor allem Präsident der berühmten Linguistic Society of America: In seiner Presidential Address sprach er über *Linguistics as a Genetic Science*. Alle diese biographischen Daten stammen von Yakov Malkiel selbst. Über die Liste von Ehrungen, Preisen usw. erfahren wir nichts: Malkiel findet sie langweilig, aburrida. Zu viel hat er in schwierigen Jahren persönlich durchgemacht. Wir verdanken es Francisco Rico, daß er all diese persönlichen Daten unverfälscht mit Malkiels eigenen Worten in spanischer Sprache in seinem Beitrag *Semblanzas* 1969 veröffentlicht hat[11]. Die Angaben, die man sonst in Handbüchern und bibliographischen Quellen findet, sind äußerst spärlich.

Kommen wir zurück auf Berlin im Jahre 1938. Yakov Malkiel hat sich dazu in einem Nachruf geäußert, der einiges Aufsehen erregt hat: *Ernst Gamillscheg (1887 - 1971) and the Berlin School of Romance Linguistics (1925 - 1945)*[12]. Es ist der Versuch einer ungeschminkten, aber sich um historische Distanz und Objektivität bemühenden Darstellung eines schwierigen Stückes Vergangenheit. Ich will hier nur die beiden Stellen zitieren, die Malkiel selbst betreffen. Schon bevor ich diesen Beitrag erneut las, war mir die äußere Form der Dissertation aufgefallen — sie ist übrigens zu einer Rarität geworden: in Heidelberg sucht man sie vergeblich sowohl in der Universitäts- als auch in der Seminarbibliothek (ich fand sie schließlich in meiner eigenen Bibliothek und stellte fest, daß ich sie um 1950 in Leipzig für 4,50 M erstehen konnte!): J. Malkiel, *Das substantivierte Adjektiv im Französischen*, Berliner Dissertation, 1938, Druck: Speer und Schmidt, Berlin SW 68, 141 S.[12a]. Kein Hinweis auf die Annahme durch die

---

Malkiel in her Native Argentina, RPhil 36, 1982, 221 - 224). — Zu María Rosa's älterem Bruder s. *Y. Malkiel*, The End of an Era: Raimundo Lida (1908 - 1979) und Frida Weber de Kurlat (1914 - 1981), RPhil 35, 1982, 617 - 641.

[11] *Francisco Rico*, Semblanzas: Yakov Malkiel, Anuario de estudios medievales 6, 1969, 609 - 613.

[12] RPhil 27, 1973, 172 - 213.

Fakultät, kein Hinweis auf die Gutachter, kein persönliches Vorwort, kein Lebenslauf. Der Schlüssel dazu findet sich in dem erwähnten Nachruf. Bei der kritischen Sichtung der von Gamillscheg betreuten Berliner Beiträge (1929 - 1941) stellt Malkiel fest, daß in dieser Reihe sehr ungleich qualifizierte Arbeiten erschienen. „In retrospect one wonders whether it was actually necessary to publish such a corpus of research of — predominantly — modest, not to say dubious, caliber; and one's misgivings are increased as one remembers that a few dissertations written under Gamillscheg were deemed good enough to be accepted, even earned a ‚laudabile' or ‚magna cum laude' citation, yet were excluded from the series by its director — one wonders, why? *For fear of political disapproval, as in the case of a study (1938) of substantivated adjectives in French?* [von uns hervorgehoben] Because they abounded in expensive exotic characters, as may have been true of Günter Dietrich's Hispano-Arabic venture (1937)? In consequence of inherent inadequacy, as may hold true of Ruth Ingeborg Moll's finger exercises in the reconstruction of the *Alexandre* (1938)?", und die Fragen gehen weiter.

„As a thesis director — so fährt Malkiel dann fort — Gamillscheg, with rare exceptions, spent little time on polishing his students' style and analysis and practically never advised them on the most advantageous presentation of their findings". Darauf sind manche Kritiken in Rezensionen zurückzuführen, sagt Malkiel; so bedauerte z. B. Eugen Lerch „the typographic infelicities of an otherwise warmly-acclaimed study on substantivated adjectives, by *a young author whom Gamillscheg left literally adrift...*" [von uns hervorgehoben][13]. In der Tat hatte Lerch in seiner insgesamt sehr wohlwollenden Besprechung in der ZrP als ‚Schönheitsfehler' und ‚störende Ungeschicklichkeit' moniert, daß Malkiel — wie übrigens auch ‚angesehene Gelehrte' — so viele ‚unverständliche Abkürzungen' verwendet habe! Aber Lerch

---

[12a] Es handelt sich um eines der abgelieferten Pflichtexemplare (Tauschexemplare); weitere Exemplare wurden vom Jüdischen Buchverlag Joseph Jastrow verlegt. Ca. 40 - 50 Exemplare konnte Malkiel nach Amerika retten (Information von Y. Malkiel).

[13] *Ernst Gamillscheg* ..., RPhil 27, 1973, 181.

schloß mit dem Urteil „Sie (die Arbeit) ist förderlich und erweckt Hoffnungen"[14].

Aus der Sicht von heute finden sich in der Tat manche Ansätze und Charakteristika, die auf die spätere Entwicklung hindeuten. Schon in der Vorbemerkung setzt sich der junge Malkiel zum Ziel, „an Hand einer tausendjährigen Entwicklung dem Funktionswandel die ihm zukommende Stelle zwischen Syntax, Wortbildung und Stilistik zuzuweisen, ihn aus dem luftleeren Raum, in dem man ihn vielfach beläßt, mitten in das Sprachleben zu versetzen" (S. 1). In diesem einen Satz sind nicht weniger als fünf Schwerpunkte vorweggenommen: die diachronische Genetik, das Insistieren auf der Funktion, die komplexe Fixierung zwischen verschiedenen etablierten Disziplinen, die Wortbildung als ein Kristallisationspunkt Malkielscher Forschung, schließlich die konkrete Bindung an das Sprachleben, was ja eine später immer stärkere Tendenz zu generalisierenden Schlußfolgerungen, zur Methodologie und zur Typologie nicht ausschließt. In dieses Bild passen Bemerkungen wie: „Diesen Stoff müßte die Forschung in mancher Richtung sichten" (S. 123), wobei eine breite Materialbasis zum Ausgangspunkt von generelleren Erkenntnissen wird — Malkiel spricht S. 108 von der „unbeschränkten Erfassung aller mit dem Zug Behafteten" und von der „Allgemeingültigkeit der Aussage": es sind die beiden Pole, zwischen denen sich sein ganzes Schaffen bewegt. Oder das Abtasten der „Grenze, hinter der man ... kaum Ordnung schaffen kann" (S. 22); besonders auch Stellen, die auf „die Tatsache der Übergangsmöglichkeit als solche" (S. 30) hinweisen, auf „unmerkliche" Übergänge (S. 43), auf „Gewichtsverschiebungen" (S. 105), auf „Annäherungen" (S. 40), und es ist gewiß auch kein Zufall, daß er aus der Literatur Stellen zitiert, die auf den *différences délicates* (S. 45) und auf den *extrémités du subtil* (S. 68) insistieren. Interessant auch die Bemerkung auf S. 2: „Die Wortbedeutungslehre läßt also im Stich"! In der Tat hat Malkiel zwar in zahllosen Einzelfällen der Bedeutung stets Rechnung getragen, auch onomasiologische Ansätze fehlen nicht[15], aber insgesamt blieb die Onomasiologie doch verdächtig

---

[14] *E. Lerch*, Besprechung der Diss. von Malkiel in ZrP 60, 1941, 286 - 290 (Zitat S. 290).

nahe bei Meyer-Lübkes Dreschflegeln und wurde deshalb von Malkiel skeptisch beurteilt[16]; auch später findet man bei ihm kaum Ansätze zu einer theoretischen und systematischen Behandlung der Semantik.

Seine europäischen Wurzeln konnte Malkiel nie verleugnen. Otto Gsell spricht mit Recht von einer amerikanischen Doppelmission Malkiels, „zunächst zugunsten einer Romanistik, die beste europäische Traditionen fortsetzt, dann auch zugunsten einer Neubelebung der diachronischen Linguistik überhaupt, und dies auf einer Szene, auf der er lange Jahre einen einsamen Part zu agieren hatte ..., dies stellt eine wissenschaftliche Leistung dar, deren längerfristiger Ertrag heute noch gar nicht abzuschätzen ist"[17]. Die seit 1947 erscheinende Zeitschrift *Romance Philology* wurde zum Träger und zum Symbol dieser Aufgaben. Rebecca Posner bezeichnete 1970 diese Zeitschrift als „one of the most prestigious periodicals in its field", „marked by tolerance in theoretical attitudes"[18]. „In the academic atmosphere of the 'fifties his was often a voice in the wilderness"[19]. Zu lange stimmte wohl Uitti's Feststellung, „that Romance linguistics ,was done' ... by a group of unreadable Germans"[20]! Die Ära Bloomfield war gewiß kein geeigneter Zeitpunkt, diese Kluft zu überbrücken[21]. Um so größer ist Malkiels Verdienst, wobei ihm zugute kam, daß in den sechziger Jahren in Amerika ohnehin eine kritische Kehrtwendung erfolgte, wenn auch in anderer Richtung. Uitti selbst zieht ein positives Fazit: „Malkiel's work has done much to reveal the several ,American' and ,Euro-

---

[15] S. z. B. die Hinweise von *Rebecca Posner* in Iordan-Orr (s. oben Fn. 2), 437.
[16] S. z. B. RLiR 36, 1972, 165 f.
[17] *Otto Gsell* (s. oben Fn. 7) 24.
[18] *R. Posner* (s. oben Fn. 2) 435.
[19] Ibid. S. 434.
[20] *Karl D. Uitti* in seiner Sammelbesprechung Problems in Hispanic and Romance Linguistics (Selected Writings of Yakov Malkiel), Hispanic Review 34, 1966, 242 - 255 (Zitat S. 243).
[21] S. z. B. die Besprechung *Malkiels* zu L. Bloomfield and Clarence L. Barnhart, Let's Read; a Linguistic Approach, 1961, in: RPhil 16, 1962, 83 - 91.

pean' schools to one another; to a large extent it constitutes a successful blending of approaches, tastes and traditions"[22].

Es ist in dem mir zur Verfügung stehenden zeitlichen Rahmen nicht möglich, Malkiels Werk, d. h. die zahllosen von ihm behandelten Probleme auch nur aufzuzählen, geschweige denn zu analysieren. Dies scheint mir aber auch nicht notwendig, ja nicht einmal sinnvoll zu sein. Otto Gsell hat in seiner 1981 publizierten Analyse das Werk Malkiels zwischen 1958 und 1978 ausgezeichnet und treffend kritisch gewürdigt[23]. Ich setze dies ganz einfach als bekannt voraus und wähle einen neuen, in solchen Würdigungen ganz ungewohnten Ausgangspunkt. Gsell analysierte Malkiels Werk auf der zweiten Metaebene, d. h. der Ebene der sprachwissenschaftlichen Methodik. Ich werde mich auf eine noch abstraktere, dritte Metaebene wagen, auf dieser Ebene aber ganz konkret die Terminologie untersuchen, die Malkiel auf seiner methodologischen, zweiten Ebene verwendet. Dies muß, wenn nicht alles täuscht, mitten in die Konzeption Malkiels hineinführen, in deren Diensten ja seine Methodologie steht. Die von Malkiel konkret auf der ersten Metaebene behandelten Probleme der Objektsprachen bleiben dabei naturgemäß schemenhaft im Hintergrund.

Kaum ein anderer Romanist hat das paradoxe Dilemma jeder Wissenschaft, Grenzen ziehen zu müssen, wo in Wirklichkeit keine sind, so intensiv erlebt wie Yakov Malkiel. Vor allem hat kaum einer so systematische Konsequenzen daraus gezogen. Yakov Malkiel lebt im Spannungsfeld zwischen der Regel und der viel komplexeren sprachhistorischen Realität, zwischen der Regel und den Kräften, die sie durchbrechen, zwischen rational und irrational, zwischen regulär und irregulär. Er weigert sich, simplifizierende Trennungslinien anzuerkennen. Er sucht sich mit Vorliebe Themen aus, an denen andere geschei-

---

[22] *Uitti*, HR 34, 1966, 255.
[23] *O. Gsell* (s. Fn. 7): 1. Etymologie und historische Wortforschung; Etymologie und Wortfamilie; Etymologie und historische Grammatik; Etymologie und Semantik; Etymologie und lexikalische Interferenz; Etymologie, Wortgeschichte, Sprachgeschichte; Methodik und Status der Etymologie (S. 2 - 11). — 2. Wortbildung (S. 11 - 13). — 3. Laut- und Flexionsgeschichte (S. 13 - 17).

tert sind oder deren Lösung schon gar nicht versucht wurde, Etymologien, Suffixe und Lautentwicklungen, bei denen die Anwendung einer einzigen Regel versagt, Themen, die rittlings über den Paragraphen sitzen, kurz Themen, zu deren Lösung ein komplexes Konglomerat von Faktoren notwendig ist. Malkiel bevorzugt die Schnittstellen, die Überschneidungen, „das komplexe Zusammenwirken verschiedenartigster Kräfte" (ZrP 84, 1968, 512). In diesem Sinne gewinnen viele seiner Titel programmatische Bedeutung: *The Interlocking of Narrow Sound Change, Broad Phonological Pattern, Level of Transmission, Areal Configuration, Sound Symbolism* (1963/4). Der komplizierte Titel trifft das zentrale Anliegen. Natürlich sollten Modellfälle im Prinzip einfach sein. „Wenn man (aber) gerade die Komplexität untersuchen will, so erweist sich ein einfacher Fall von vornherein als untauglich. Die komplizierte Entwicklung von cl- pl- fl- auf der Pyrenäenhalbinsel ist deshalb gerade wegen ihrer Komplexität ein geeigneter Modellfall, der es Malkiel erlaubt, die Notwendigkeit einer Kombination ... strukturalistischer und ... traditioneller Methoden zu demonstrieren"[24]; er fordert „a complementary set of methods for the study, on a progressively ambitious scale, of their *interlocking*" (ib. 514). Es ist gewiß kein Zufall, daß *interlocking* ein Lieblingswort — ein *key word* wenn Sie wollen — im Werke Malkiels ist. Es betrifft sowohl die Probleme selbst als auch die Methoden. So auch in einem Titel von 1976: *The Interlocking of Etymology and Historical Grammar*[25]. Das von Malkiel in diesem Bereich verwendete metasprachliche Bezeichnungsfeld ist nicht weniger aufschlußreich:

> *interaction*: Diphthongization, Monophthongization, Metaphony: Studies in their *Interaction* in the Paradigm of the Old Spanish *-ir* Verbs (Language 42, 1966, 430-472, Breve Autobibliogr. 134).
> *interplay*: Interplay of Sounds and Forms in the Shaping of Three Old Spanish Medial Consonant Clusters (Hispanic Review 50, 1982, 247-266).

---

[24] S. meine Besprechung zu obiger Arbeit in ZrP 84, 1968, 512-516 (Zitat S. 512).

[25] In Proceedings of the Second International Conference on Historical Linguistics (Tucson, Arizona, 1976), Amsterdam/New York/Oxford 1976, 285-312.

Hierher gehören auch Titel wie *Contacts Between...* (1976)[26] oder Titel mit dem Stichwort *Contamination* (1962)[27]. Natürlich finden sich diese Termini nicht nur bei Malkiel, aber ich habe bisher absichtlich nur Titel zitiert, um zu zeigen, daß die damit verbundene Problematik bei Malkiel nicht nur beiläufig berührt, sondern thematisiert wird. In den Texten selbst wird dies terminologisch bestätigt: „words are suspected of *interlocking* or *echoing* one another" (1957, Essays 209). Malkiel spricht von „the subtle *interlocking* of historical events" (1964, Essays 55), und von „ensembles of *interlocking* circumstances" (1964, Essays 30), von „ensembles of *interlocking* causes" (1962, Essays 145), von „two *interlocking* disciplines" (1970, RomPhil 23, 327) und von „objective delimitation of *interlocking*" (ib. 332), etc. Er spricht von „*complicated interactions*" (1964, Essays 56), von „the *complex interaction* of all these isolable forces" (1968, Essays 17), von „the constant *interaction* between language and nonverbal culture" (1964, Essays 52), von „hidden possibilities of *interaction* between discrete forces" (1964, Essays 30), von „*interactions* of the separate functions" (1965, Essays 393), von „the plausibility of such *interaction*" (1962, Essays 192), von „the *interaction* of the shifts expertly identified" (1962, Essays 186), von einer „systematic inquiry into the *interaction* of the features here isolated" (1962, Essays 279) und gibt „examples of the assumed *interactions*" (1962, Essays 41). Nicht weniger häufig verwendet er *interplay*: „a neat *interplay* of sound relationships" (1968, Essays 12), „the *interplay* of basic sound shifts" (1960, Essays 110), „of sound pattern and ‚yield'" (ib. 116); er untersucht „*interplays* of analogy" (1965, Essays 381) und in anderem Zusammenhang „the formula for their *interplay*" (1968, Essays 13). Er spricht von „any possible *interplay* between..." (1962, Essays 36) und von „the *interplay* of the third and the fourth use" (1965, Essays 393). Besonders typisch der Satz: „The next step after isolating these six forces as best one can, is to observe their *subtle interplay*" (1959, Essays

---

[26] Contacts Between Blasphēmāre and Aestimāre. RPhil 30, 1976, 102-117.

[27] Weak Phonetic Change, Spontaneous Sound Shift, Lexical Contamination, Lingua 11, 1962, 263-275 (auch im Sammelband Essays on Linguistic Themes, 1968, 33-45).

399; s. auch 1964, Essays 51 und Index 407). In meiner Festschrift spricht er 1979 „of an *interplay* with dissimilatory trends"[28], 1980 von „*interaction* of ... ten escape routes" (RomPhil 34, 61) und von „the *interplay* of its possible causes" (ib. 48), etc.

Aber die Texte geben nicht nur eine Bestätigung der in den Titeln verwendeten Terminologie: sie erweitern das Bild zu einer bunten onomasiologischen Palette. Es wimmelt nur so von weiteren *inter*-Bildungen. Schon 1953 hatte in Chicago eine Tagung zu den *Interrelations of Language and Other Aspects of Culture* stattgefunden, über die Malkiel berichtet[29]. Er selbst spricht viel häufiger von *interference*, z. B. von „associative *interference*" (1956, Essays 246); er erinnert an „the sorely neglected gamut of indirect or catalytic *interferences*" (1968, Essays 16), er spricht von „some such *interference* as devious channeling (e. g. learned transmission)" (1962, Essays 195), von „the uninhibited *interference* of successive copyists" (1957, Essays 214), vor allem aber von „*analogical interference*", bzw. „*associative interference*" (= effects of analogy) (1964, Essays 59; s. auch 1968, ib. 12; 1957, ib. 301; 296). Hierher gehören auch *interconnection* (1968, ib. 10), *intersection* („intersection of currents" 1959, ib. 348), *inter-disciplinary* („inter-disciplinary encroachments" 1960, Essays 98) und *interpenetration* („the diachronic interpenetration of etymology and grammar" 1962, Essays 187). Bildkräftiger sind *interweaving* („the *interweaving* of linguistic and literary history" 1960, Essays 136)[30], *intermingling* („a confusingly erratic *intermingling*" 1964, Essays 56) *interlacing* („the pervasive interlacing of three threads: history, problems, and methods of Romance linguistics" 1970, RomPhil 23, 331), *intertwining* („the favored patterning of intertwining" 1970, RomPhil 23, 332; auch „inextricably *intertwined*" 1962, Essays 42), und *interspersed* (1970, RomPhil 23, 332). *Inex-*

---

[28] The Prelude to the Old French „Frequentative Action Nouns" in -ëiz, Festschrift Kurt Baldinger zum 60. Geburtstag, Tübingen 1979, 361 - 374 (Zitat 372 n. 26).

[29] International Journal of American Linguistics 25, 1959, 123 a; s. auch Essays 1968, 146.

[30] Vgl. auch „the interweaving of linguistic and literary strands" (1970, RomPhil 23, 328), interweave (Essays 1968, 2), to weave (60).

tricably interwoven ist geradezu ein Lieblingsausdruck Malkiels (7; 109; 143; 187; *mutually interwoven* 19).

Neben diesem metasprachlich terminologischen Feld von *inter*-Bildungen stehen *cross-connection* (1964, Essays 67), *concatenation* („*concatenations* of linguistic events" 1960, Essays 137; „*concatenations* of events" 1968, Essays 11; „its *concatenation* with other changes" 1980, RomPhil 34, 48), *infiltration* („*infiltration* ... of patches of neighboring dialect speech" 1964, Essays 57), *transmutations* (1964, Essays 63), *overlaps* (1960, Essays 131; 1962, Essays 190; 1965, Essays 365) und *amalgams* (1962, Essays 41; 1960, Essays 140; *amalgamating* 1959, Essays 321). Malkiel ist fasziniert von der *multitude of diversified and changing situations* (1968, Essays 6), von den *intricate set(s) of relationships* (1962, Essays 193), von der *richly nuanced, multidimensional, overelaborate projection of a ... language* (1957, Essays 299).

Zu diesem Bild des Ineinandergreifens, des Überspielens von Grenzen, des Verwobenseins der Fakten und Methoden paßt nun sehr schön eine weitere, von Malkiel verwendete Metapher, das Bild des *Fließens;* wir sprechen ja auch von fließenden Übergängen. Dieses Bild wird ebenfalls in Titeln thematisiert: *Some Diachronic Implications of Fluid Speech Communities* (1964)[31]; ... *New Approaches to a Fluid Relationship* (1970; Breve Autobibliogr. 158)[32] (der Terminus *Fluid* fehlt in den Titeln der in diesem Besprechungsaufsatz besprochenenen Werke!); *The Fluctuating Intensity of a "Sound Law"*[33]. In den Essays von 1968 finden sich Belege dafür nicht nur im erstgenannten, hier wieder abgedruckten Beitrag: „*fluid* disciplines" (1964 = Essays

---

[31] Some Diachronic Implications of Fluid Speech Communities, American Anthropologist 66: 6 (1964); neu gedruckt in Essays 1968, 19 - 31; [= Breve Autobibliogr. 131] (darin im Text fluid speech 29, fluctuation 20, societies in flux 30, etc.).

[32] Linguistics (Including its History) and the Humanities: Two Approaches to a Fluid Relationship, RomPhil 23, 1970, 323 - 335 (darin auch fleeting hints 326; such — fortunately fluid — national situations 334; fluid relations ib.).

[33] The Fluctuating Intensity of a ‚Sound Law', Some Vicissitudes of Latin $\breve{e}$ and $\breve{o}$ in Spanish, RomPhil 34, 1980, 48 - 63.

1968, S. 66), „the *fluctuating* front-line" (1962 = Essays 1968, 186), „its *fluctuating* semantic ambit" (1957 = Essays 1968, S. 207; auch 1962, Essays 184), „the *fluidity* of the speech community" (1960 = Essays 1968, S. 110), „elements still in a state of *flux*" (1964 = Essays 1968, 48); typisch sind Sätze wie „the borderline between morphology and syntax is quite *fluid*" (1970 = Essays 1968, 94) und „One final argument in favor of *fluidity* in the object observed and *elasticity* in the method applied to its elucidation ..." (1968, Essays 6).

Zu diesem Bild der ‚fließenden Übergänge' paßt auch das Bild der Abstufung, das „*continuum of subtly graded possibilities* of matching" (1959 = Essays 1968, 314), und eine Seite weiter „one discovers again a rich gamut of *gradual transitions*" (ib. 315); wenig später spricht er von der „*gradual alteration* of phonemic units" (1962 = Essays 1968, 36), sodann von *gradual transitions* bei der Lautentwicklung (1968, Essays 8) und von der *gradual modification* von Sprache und Kultur (1964 = Essays 1968, S. 20), aber auch von der *gradual schematization*, die dem Linguisten den Zugriff erleichtert (1962, Essays 185), und schließlich von der *policy of gradualism* (1962, Essays 186). Dazu paßt nun wiederum das von Malkiel oft verwendete Bild von der *Hierarchie,* auf das ich hier nicht näher eingehen kann und will[34]. Er fragt sich: „Is it legitimate to *grade the regularity* of sound change ... and to contrast ‚strong' expectation of outcome, most likely to occur in monolithic societies, with ‚weak' predictability[35], attributable to, say, loose conflations of dialects, regional or social?" (1968, Essays 12)[36].

---

[34] „The changing hierarchy of approaches" (1964, Essays 50); „in favor of some kind of hierarchization" (ib.); „Hierarchization of sound shifts" (1960, Essays 109), „the newly suggested hierarchization" (ib. 126); s. auch 1962, Essays 190, etc.; On Hierarchizing the Components of Multiple Causation (Studies in Language I, 1977, 81 - 107).

[35] So paßt ‚weak' genau in das Gesamtbild des kaum in Regeln faßbaren, des Sporadischen (so „‚sporadic' shifts (also called ‚spontaneous' and ‚saltatory')" Essays 1968, 11 und ohne Anführungszeichen S. 12), des Latenten („those more or less latent sound shifts which have long been known as ‚sporadic' or ‚spontaneous'" 1962 = Essays 1968, 192): s. dazu den oben in Fn. 27 zitierten Aufsatz Weak Phonetic Change ... von 1962 (Essays

Die Verbindung zwischen den Bildern des Ineinandergreifens und des Fließens stellt das Bild von der Kettenreaktion her. Malkiel spricht 1964 von den „*chains* of internal upheavals versus *successions* of external interference" (1964 = Essays 1968, 26), und der Terminus *chain reactions* kommt keineswegs selten vor (1959 = Essay 1968, 355 [„a far-reaching chain reaction"]; 1964 = Essays 1968, 58 [„Historical grammar, in particular, might profit from some degree of tightening through integration of myriads of disconnected details not into a congeries of gross facts, but, after meticulous distillation, into elegantly designed *chain reactions*, such as have been proposed by economy-minded phonologists"]; 1964 = Essays 26 [„typical *chain reactions*"]).

Aus all diesen Bildern zusammen, aus dem Ineinandergreifen, dem Ineinanderfließen, dem gegenseitigen Verzahntsein ergibt sich zwangsläufig als Resultat die Erkenntnis von der n u a n c i e r t e n K o m p l e x i t ä t sprachlicher Entwicklung. Ich kenne keinen anderen Sprachwissenschaftler, der diese Komplexität so deutlich hat werden lassen und der diese alle Sparten übergreifende Thematik so intensiv in das Zentrum seines Schaffens gestellt hat. Es erweist sich nun keineswegs als Zufall, wenn *complexity* bei Malkiel als Teil eines Titels zum ersten Mal 1956 auftritt: *The Uniqueness and Complexity of Etymological Solutions*[37]. Und in diesem Beitrag lesen wir:

---

33 - 45) und das Kapitel „Weak" phonetic change, sporadic sound shift, lexical contamination in dem ebenfalls 1962 publizierten Beitrag Etymology and General Linguistics (neu abgedruckt in Essays 1968, speziell S. 191 bis 192); s. dazu auch die Besprechung von *W. P. Lehmann* in Foundations of Language 8, 1972, 285.

[36] S. auch „more delicately graded patterning" (1964 = Essays 1968, 58), grading (ib. 61), abgesehen von graded approach (114; 115; 186).

[37] The Uniqueness and Complexity of Etymological Solutions, Lingua V, 1956, 225 - 252; neu abgedruckt in den Essays von 1968, 229 - 250; Breve Autobibliogr. 110; vgl. auch „uniqueness vs. complexity" 1962 (= Essays 1968, 184) und „an etymological solution" ist „unique whatever its complexity" (id. 195); vgl. auch Phonological Irregularity vs. Lexical Complexity in Diachronic Projection: The Etymological Substructure of Luso-Hispanic abarcar „to clasp, embrace, contain" (in Issues in Linguistics, Papers in Honor of Henry and Renée Kahane, 1973, 606 - 635).

„A *unique* solution, then, is not tantamount to a *simple* solution: The situations with which an *etymologist* copes again and again have been recognized, over the years, as not just occasionally, but preponderantly, even typically, *complex*" (1956, Essays 246).

Hier geht es um Kernpunkte Malkielschen Denkens, um das Verhältnis von *unique, simple* und *complex*, und es wundert keinen, der es je mit etymologischen Problemen zu tun hatte, daß die *Komplexität* sprachlicher Verhältnisse *und* sprachwissenschaftlicher Methoden gerade dem Etymologen, dem *etymologist,* so eindringlich bewußt wurden. Malkiel galt lange als „Etymologe *tout court*" (wie Gsell es ausdrückt)[38]. Sicher nicht zu Recht, wie auch Gsell betont, aber auf den Etymologen gehen, wie wir sehen, wesentliche methodologische Anstöße zu der sich jetzt, 1956, entwickelnden erweiterten allgemeineren sprachwissenschaftlichen Grundkonzeption zurück. „An *etymologist*" — so unterstreicht Malkiel noch 1964 — ist „grappling with thousands of equations of varying *complexity*"[39]. Gerade der Etymologe „may proceed from relatively simple cases involving no (or just a few easily eliminable) unknowns to progressively *intricate tangles,* ending up with a residue of issues *inextricably confused* or wholly recalcitrant" (ib. 61). *Intricate* und *confusion* gehören beide mit zum terminologischen Feld der Komplexität und begegnen uns immer wieder in ähnlichen Zusammenhängen. In einem andern Beitrag von 1964, z. B., insistiert Malkiel auf der „*complexity* of historical processes", und diese verlange ‚by its nature' „unremitting attention to minute *intricacies*"[40]. Schon 1957 ist — ebenfalls im Zusammenhang mit der Etymologie — von der „*intricacy* of each problem" die Rede[41]; *degree of intricacy* (1959; 1962)[42] wird von Malkiel syno-

---

[38] *Gsell,* Iberoromania 13, 1981, 2.

[39] Distinctive Traits of Romance Linguistics (1964, s. Breve Autobibliogr. 21), Essays 1968, S. 60 f.

[40] Some Diachronic Implications of Fluid Speech Communities (1964), in Essays 1968, S. 19; vgl. schon 1956 [s. oben Fn. 35] „intricate cases" (Essays 238).

[41] Tentative Typology of Etymological Studies (1957) und in Essays 1968, 199 - 288 (Zitat S. 203).

nym mit *degree of complexity* (so schon 1957) verwendet[43]. Natürlich sind *complexity* und *intricacy* nicht eingeschränkt auf etymologische Probleme: 1959 ist die Rede von einer *increasing complexity* der „conditions of life"[44], 1960 von einem „text ... of *complex* transmission" (Essays 145), 1962 viel allgemeiner von einem „highly *complex* state of affairs" (Essays 185), 1964 von der „*complexity* of the situation" in Bezug auf die historischen Siedlungsverhältnisse (Essays 27), von „*complexly* structured and tradition-ridden societies" (Essays 56) und von der *complexity* der „patterns of temporal sequences" (Essays 51), 1968 von einem „excess of paradigmatic *intricacy*" (Essays 17). „The *complex interaction* of all these isolable forces" (1968, Essays 17) steht terminologisch neben *complicated interactions* (1964, Essays 56)[45]. Diese Kompliziertheit, diese *bizarre tapestry of incongruities*, wie er es 1964 nennt[46], diese *almost kaleidoscopic confusion* (1968)[47] erschwert natürlich jede Klassifizierung und Schematisierung, die vielleicht gerade deshalb Malkiel so sehr reizt (wie wir noch sehen werden). Sicher ist für Malkiel, daß man zwar ein Schema auf eine komplexe Situation anwenden kann, daß aber dieser „set of situations necessarily far more *complex*" ist „than ... the initial schemata" (1968, Essays 30). Andererseits, so sagt er schon 1960, „the more *complex* the facts, the greater the potential diversification of *classificatory schemas*"[48].

Wir haben es also mit einem dialektischen Spannungsverhältnis zwischen Komplexität und Klassifizierung/Schematisierung zu tun.

---

[42] Essays 1968, 184 und 318.

[43] Essays 1968, 218.

[44] Vgl. increasing complexity mit Bezug auf etymologische Probleme 1962 (Essays 186).

[45] Vgl. auch „complicating factors enter into the picture" (1959, Essays 331).

[46] Some diachronic implications ... (1964, Essays 1968, 26).

[47] Genetic Linguistics, Essays 6; vgl. das oben schon zitierte „confusingly ... intermingling" Essays 56; vgl. auch z. B. „kaleidoscopic picture of early Romance" (1981, RomPhil 35, VI)!

[48] A Tentative Typology of Romance Historical Grammars, 1960 (Essays 1968, 117).

Dies bedingt eine *dynamische Elastizität* von Seiten des analysierenden Sprachwissenschaftlers. *Dynamic, dynamics, dynamic approach* und *elastic, elasticity* sind deshalb fast zwangsläufig weitere Kernwörter der Malkielschen Terminologie[49]. Schon 1957 schwärmt er von einem „team of *dynamic* and talented etymologists" (Essays 1968, 214), und 1960 schreibt er: „The pendulum of taste and preference in linguistics may soon start swinging back toward *dynamics*" (Essays 1968, 71; s. auch 81). *Static* und *dynamic* stehen für ‚array' und ‚development' (ib. 106); er spricht von *dynamic categories* (1960, Essays 107), von *dynamic movement* (1964, Essays 26) und von *dynamic approach* (1960, ib. 116). Schuchardt ist „*dynamically* curious" (1964, Essays 68). Ganz parallel dazu verlangt er *elasticity*, so z. B. in seinem 1966 in Paris geschriebenen Vorwort zu den Essays:

> „A certain *elasticity* in overcoming Saussure's excessively rigid categorization of all linguistic research into either the descriptive or the genetic variety seems to me very much the order of the day" (S. VIII).

Im Gegensatz dazu lobt er „the glorious *elasticity* and ability for forceful synthesis of a Jespersen, a Troubetzkoy, or a Sapir" (1964, Essays 68). „Taxonomy" ist jedenfalls „not *elastic* enough" (1968, Essays 11); dies wirft er z. B. Amerikanern und selbst Briten vor, „otherwise so *elastic* and *versatile*" (1964, Essays 68). *Versatile* fügt sich nahtlos in dieses terminologische Feld ein.

Was den Kern Malkielschen Denkens aber vielleicht am direktesten trifft, ist *multi-*, als Präfix und in *multiple* und *multitude*. Der *multiple causation* entsprechen *multiple solutions*, die man mit einer „*multitude of* possible fruitful *approaches*"[50] angehen muß. Anders ausgedrückt — aber ebenfalls mit Malkiel —: der *polygenesis*[51] ent-

---

[49] Typisch ist, daß er elasticity auch mit Bezug auf etymologische Probleme verwendet; er fordert vom Etymologen u. a. „a certain finesse and elasticity in bringing to bear on an etymological problem ..." (1962, Essays 180).

[50] Zu multiple causation und multiple solution s. den Index der Essays 1968; multiple solutions schon 1956 (Essays 238), multitude of ... approaches schon 1957 (Essays 199) und 1962 (ib. 183).

spricht eine *plurality of interpretations*[52]. Die *multiple causation* wird 1967 im Beitrag zu einer Festschrift für Roman Jakobson thematisiert[53] und 1969 in einem weiteren Beitrag exemplifiziert[54]. Sie wird begleitet von *multiple projections* (1956, Essays 238), *multidimensional projection[s]* (1957, Essays 299; 1964, Essays 52) und möglichen *multiple classifications* (1964, Essays 66). Ein *multi-faceted* (1960, Essays 108) oder ein *multi-purpose work* (1960, ib. 143) bedingen eine *multi-faceted analysis* (1960, ib. 141). Ein *multi-level etymological essay* (1962, Essays 198) kann *multiple cross-connections* (1962, Essays 194) aufdecken, besonders wenn eine ‚*multidisciplinary*' *grammar* (1960, Essays 83) zu Hilfe genommen wird! Titel von 1976 (*Multi-conditioned Sound Change and the Impact of Morphology on Phonology*, Language 52, 1976, 757 - 778) und 1982 (... *Multiple Borrowing* ... RomPhil 35, 479 - 484) unterstreichen die Bedeutung von *multi-* bis heute. Nur eine *fruitful cooperation* (1962, Essays 194) vermag *the gamut of driving forces* (1957, Essays 213), die *interferential and differentiating factors* (1960, Essays 116), die *configurations of contributing forces* (1962, Essays 45), die *incessant variation* (1964, Essays 27), *all kinds of transitions and overlaps* (1965, RomPhil 19, 7; Essays 1968, 365), die *combinations of ... functions or overlaps between them* (1965, RomPhil 19, 25; Essays 1968, 393), kurz die *rival forces* (1968, Essays 12) aufzudecken und der *continous re-structuring of systems* auf die Spur zu kommen (ib. 18). Daß dazu eine *undeniable*, eine *extraordinary* oder *subtlest sophistication* notwendig ist, versteht sich von selbst (1960, Essays 117; 104; 146; 126; 1962, 193). *Romance linguistics can only profit from increased sophistication in structural analysis* (1964, Essays 50). Malkiel spricht

---

[51] Polygenesis z. B. 1957 (Essays 303), 1960 (Essays 114).

[52] Plurality of interpretations z. B. 1956 („a plurality of subtly shaded interpretations" Essays 240).

[53] Multiple Versus Simple Causation in Linguistic Change, in: To Honor Roman Jakobson ... 1967, II, 1228 - 1246 (Breve Autobibliogr. 27). — S. auch On Hierarchizing the Components of Multiple Causation, Studies in Language 1, 1977, 81 - 107.

[54] The Five Sources of Epenthetic /j/ in Western Hispano-Romance: A Study in Multiple Causation, Hispanic Review 37, 1969, 239 - 275 [Breve Autobibliogr. 142].

schon 1959 von einer *rich orchestration* (Essays 355). Am schönsten sagt er es in einem Beitrag von 1964: „A community of linguists at its best calls to mind a fine *symphony orchestra* in which, enviably enough, each instrument and each group of instruments retains a perceptible measure of individuality while contributing its share to the tonal effect of the whole"[55].

Das komplexe Bild, das wir aus der Analyse der Terminologie Malkiels gewonnen haben, ist das Resultat einer langen Entwicklung, auch wenn die Ansätze dazu schon 1938 erkennbar sind. Resultat einer Entwicklung, die durch zwei deutliche Akzentverlagerungen ge-

---

[55] Distinctive Traits of Romance Linguistics, 1964; neu in Essays 1968, 47-69 (Zitat S. 69). — Manche der hier behandelten Aspekte kamen schon in bisherigen Beurteilungen Malkiels zur Sprache. 1966 sprach Uitti von der ‚inherent complexity' und von den ‚knotty theoretical questions' (HispRev 34, 254 und 244), 1967 Manuel Alvar von der ‚erudición portentosa' und den ‚intrincados problemas' (Iordan 314), 1968 ich selbst in einer Malkielbesprechung von einem „ganzen Orchester von Faktoren" (Z 84, 512). Am präzisesten wurden die oben von mir untersuchten terminologischen und damit auch thematischen Präferenzen von Rebecca Posner (Iordan-Orr 1970) erfaßt. Sie betont Malkiels „predilection for a no-man's-land so often deserted by both ‚humanists' and ‚scientific' linguists" (440) und von „the very intractability of the material he juggles with" (437); sie spricht von „his ability deftly to interweave [s. oben Fn. 30] the strands of lexical, morphological, and phonological data into a tapestry [s. oben Fn. 44] that displays the structural development of a language" (436). Sie verwendet Malkiels Kernterminologie: complexity (437; 440; 446), complex (441), interlocking (441; 442), interaction (437; 441; 442), interpenetration (437), multiple causation (446 Fn. 1), dynamic (437; 442), versatility (436; vgl. oben; Essays 68), extremely sophisticated (443). Natürlich weisen auch alle anderen, die sich mit Malkiels Werk befaßt haben, auf diese Kernfragen hin: „the concatenation or conflict of various structuring forces" Diego Catalán 1972, 1082; interference (1082), chain reaction (1086). — „degré variable des tendances ‚régulières'" [vgl. oben gradual transitions etc.] (Peter F. Dembowski, RLiR 36, 1972, 164), „de l'interdépendance [auch ib. 170; 172] et de l'interaction de ces forces linguistiques" (1965), interférence (168), interférenciel (169), „l'édifice complexe de la science linguistique" (170; auch 171). — Interdependenz (Gsell 1981, 5), Interferenz 6, 7, 8, 9), Interaktion (14), „intricate', ‚entangled' sind immer wieder begegnende Schlüsselwörter" (8), Komplexität (9), „Hierarchie der ... Ursachen" (9), „multiple Genese" (12; s. auch 15), „multiple Ätiologie des Sprachwandels" (14; 21), ‚fluid relationship' (21), usw.

kennzeichnet ist. Die eine ist für unsere methodologischen Belange kaum von Bedeutung: es ist die sich rasch vollziehende Verlagerung vom Französischen auf das Gesamtromanische und ganz besonders auf den hispanischen Bereich, eine Verlagerung, die faktisch schon Mitte der vierziger Jahre vollzogen ist, von Ausnahmen abgesehen. Wichtig an diesem *geographischen* Aspekt ist lediglich, daß Malkiel — bedingt durch sein Leben und sein Studium — über eine breite Palette von sprachlichen Kenntnissen verfügt, die weit über die Romania hinausreichen und durch die Vergleichsmöglichkeiten natürlich den Blick schärfen für sprachwissenschaftliche Phänomene, für Spezifisches und Generelles. In dem Beitrag *Distinctive Traits of Romance Linguistics* von 1964 beklagt Malkiel denn auch die „deplorable self-sufficiency" der Romanisten in Bezug auf die sprachvergleichende Breite (Essays 68). Für unsere Belange ist die zweite Akzentverlagerung, nämlich diejenige vom *Spezifischen* zum *Generellen* viel wesentlicher. Diese Entwicklung, die bis heute anhält — nicht zufällig heißt der neueste, soeben erschienene Sammelband *From Particular to General Linguistics*[56] —, hat Malkiel selbst 1960 folgendermaßen charakterisiert, ohne sie ausdrücklich und nur auf sich selbst zu beziehen:

> „The prospects of revival are today less bleak than they were thirty years ago. Now that the novelty of straight descriptivism has begun to wear off, now that lexicocentric linguistic geography certainly is past its peak, a golden opportunity for a new attack on diachronic structure is rapidly approaching. This opportunity cannot be made good through an unimaginative return to past practice. To be reactivated, historical grammar must move in the direction of general glottodynamics, not only away from the cloggy detail and toward a more coherent integration of the whole, but at the same time ever closer to the establishment of truly evolutionary — beside essentially static — categories of transmutation"[57].

---

[56] From Particular to General Linguistics. Selected Essays (1965 - 1978). With an introduction by the author, an index rerum and an index nominum, Amsterdam (John Benjamins) 1983, 659 S.

[57] A Tentative Typology of Romance Historical Grammars, Lingua IX, 1960; in Essays 1968, 147 f.

In der Tat trifft dies in mehrfacher Hinsicht auf Malkiels eigenen Weg zu. Schon 1938 arbeitete Malkiel mit einer fast erdrückenden Materialsammlung und *cloggy details* und dieser soliden Basis ist er — zum Glück — bis heute treu geblieben. Er spricht öfters von der Masse der *linguistic molecules* (1964, Essays 51; s. auch 91), von *microscopic study* (1957, Essays 307 Fn. 35), von *microscopic inquiries* (1960, Essays 91) oder von *microscopic inspection* (1962, Essays 191; 194), von einem *powerful microscope* (1964, Essays 64), von *kaleidoscopic etymological studies* (1962, Essays 183), und Peter Dembowski betont mit Recht, daß das *examen ‚microscopique'* „une des spécialités de Yakov Malkiel" sei (RLiR 36, 1972, 164). Nicht zuletzt darauf beruht sein Ruf, mit einem *rigor extraordinario* (Manuel Alvar, in Iordan 313) zu arbeiten, seine „scrupulous integrity" (Posner 434). „Hypothetical bases", so sagt Malkiel selbst, „ought to be kept to the barest minimum" (1957, Essays 299). Rebecca Posner formuliert treffend: „Malkiel has sought by dint of careful scholarship and rigorous reasoning to reduce to a minimum the appeal in language history to mysterious and irrational forces" (Posner in Iordan-Orr, 1970, 443). Dieser solide Unterbau betrifft sowohl das Material als auch die fast lückenlose Verarbeitung der Bibliographie und führt dazu, daß in Malkiels Arbeiten nicht selten der Text weniger umfangreich ist als die Fußnoten: so ist 1948 in seiner Arbeit zu *Hispanic algu(i)en* ... das Verhältnis von Text zu beigegebenem Apparat 27 : 66 Seiten, 1951 in seiner Monographie zu *The Hispanic Suffix -(i)ego* ... 29 : 48 und 1972, über 20 Jahre später, in seinem Beitrag *Comparative Romance Linguistics* in den Current Trends ... (9, 1972) umfaßt der Text 34, die Fußnoten 56 Seiten!

Malkiel hat somit bei dieser Verlagerung des Interesses vom Spezifischen zum Generellen keineswegs auf die solide Basis verzichtet, und trotzdem ist die Entwicklung tiefgreifend, so daß Gsell mit Recht von zwei Phasen spricht (Iberoromania 13, 1981, 2). Diese Verlagerung kann man wiederum an den Titeln sehr schön ablesen. Vergleichen wir fünf Titel von 1948 bis 1953 mit späteren:

1948 *Hispanic algu(i)en and related formations — A Study of the Stratification of the Romance Lexicon in the Iberian Peninsula.*

1950 *The Latin Background of the Spanish Suffix -uno.* — *Studies in the Genesis of a Romance Formative* (RomPhil 4, 17 - 45).

1951 *The Hispanic Suffix -(i)ego.* — *A Morphological and Lexical Study Based on Historical and Dialectal Sources.*

1952 *La familia léxica lazerar, laz(d)rar, lazeria: Estudios de paleontología lingüística* (1952, Breve Autobibl. 95).

1953 *The Luso-Hispanic Triad pente(m), pende(jo), (em)peine. The Comb as a Focus of Linguistic Imagery* (1953, Breve Autobibl. 100).

Bei Doppeltiteln geht, wie wir sehen, in der ersten Phase Malkiels stets der spezifische Teil voraus, der Untertitel kündigt allerdings schon seinen Blick und sein Interesse für das Prinzipielle an. Schon Anfang der fünziger Jahre versickert dieser Typus aber fast völlig[58]. Den Übergang zum umgekehrten Typus bilden seit 1950 „zusammenfassende Obertitel" wie

1951 *Estudios de léxico pastoril: piara y manada* (Breve Autobibl. 92)

1952 *Studies in Hispano-Latin Homonymics — pessulus, pāctus, pectus, dēspectus, suspectus, fistula in Ibero-Romance* (Breve Autobibl. 94)

1957 *Préstamos y cultismos* (RLiR 21, 1 - 61), wobei es in Wirklichkeit „nur" um die Familie von *pretium* geht,

sowie Besprechungsaufsätze, die meist einen generelleren Titel erhielten, von

1950 *The Jewish Heritage of Spain* (zu Castro, Breve Autobibl. 148) über

1950 *Cultural History through Linguistics* (zu Bertoldi, Breve Autobibl. 149)

---

[58] Zur Not kannn man noch dazu zählen Los interfijos hispánicos: — Problema de lingüística histórica y estructural (1958; Breve Autobibliogr. 17) und vor allem The Five Sources of Epenthetic /J/ in Western Hispano Romance: A Study in Multiple Causation (1969; Breve Autobibliogr. 142).

1956   *Linguistic Problems in a New Hispanic Etymological Dictionary* (zu Corominas, Breve Autobibl. 150)

bis zu

1969   *Linguistics ... and the Humanities* (zu Uitti und Varvaro, Breve Autobibl. 158; s. ib. die ganze Sektion IV).

Aber immer deutlicher setzt sich Malkiels „zest for theoretical speculation" (Posner 1970, 444) durch. Von 1959/1960 an häufen sich die Titel mit genereller methodologisch-theoretischer Zielsetzung:

1959   *Distinctive Features in Lexicography* (I - II). *A Typological Approach to Dictionaries Exemplified with Spanish* (Breve Autobibl. 116),

sodann besonders typisch mit größerer Diskrepanz zwischen Ober- und Untertitel:

1960   *Paradigmatic Resistance to Sound Change. The Old Spanish Preterite Forms vide, vido against the Background of the Recession of Primary -d-* (Breve Autobibl. 123).

1961   (erschienen 1963) *Etimología y cambio fonético débil. Trayectoria Iberorrománica de medicus, medicāmen, medicīna* (Breve Autobibl. 19).

1966   *Diphthongization, Monophthongization, Metaphony. Studies in their Interaction in the Paradigm of the Old Spanish -ir Verbs* (Breve Autobibl. 134).

1966   *Form Versus Meaning in Etymological Analysis: Old Spanish auze „luck"* (Breve Autobibl. 25).

1969   *Sound Changes Rooted in Morphological Conditions: The Case of Old Spanish /sk/ Changing to /θk/* (Breve Autobibl. 143; vgl. auch ib. 139, 145, 147).

1970   *Le nivellement morphologique comme point de départ d'une „loi phonétique". La monophtongaison occasionnelle de ie et ue en ancien espagnol* (Breve Autobibl. 34).

1973   *Derivational Transparency as an Occasional Co-Determinant of Sound Change. A New Causal Ingredient in the Distribution of -ç and -z- in Ancient Hispano-Romance* (RomPhil 25, 1971, 1 - 52).

1973   *Phonological Irregularity vs. Lexical Complexity in Diachronic Projection. The Etymological Substructure of Luso-Hispanic* abarcar „*to clasp, embrace, contain*" (in Issues in Linguistics, Papers in Honor of H. and R. Kahane, 605 - 635).

1979   *La vacilación fonética como causa de una pérdida léxica. En torno al desarrollo de gaudēre y gaudium en hispanorrománico* (en Homenaje F. A. Martínez, Bogotá, 34 - 54).

1980   *The Fluctuating Intensity of a „Sound Law". Some Vicissitudes of Latin e and o in Spanish* (RomPhil 34, 48 - 63).

Alle diese Titel zeigen im Haupttitel, was Malkiel grundsätzlich an dem im Untertitel bezeichneten Thema interessiert, was „hinter" dem Detail steckt, wie dies schön in folgendem noch jungen, aber ausgewachsenen Titel zum Ausdruck kommt:

1981   *A Hidden Morphological Factor Behind Instances of Erratic Distribution of ç and z in Old Spanish?* (RomPhil 35, 105 - 129).

Die Geschichte der Doppeltitel zeigt somit eindrücklich den sich in den fünfziger Jahren vollziehenden diametralen Wandel von der überwältigenden Materialbasis mit prinzipiellem Hintergrund zur methodologisch-theoretischen Zielsetzung auf breiter Materialbasis. Für diese zweite Phase gilt noch viel stärker als für die erste Rebecca Posners Feststellung, daß Malkiel „constructs his model on the basis of generalization from data" (Iordan-Orr 1970, 440). „Pure theory happens not to satisfy me" zitiert Rebecca Posner (Iordan-Orr 435, leider ohne Quellenangabe). Gerade die Romanistik verfügt ja über „a privileged store of experiences and experiments", wie Malkiel 1964 schreibt (Essay 69). Parallel zu dieser Entwicklung stabilisiert sich Malkiels dialektisches Verhältnis zwischen dem, was er „two currents *lexicalization* as against *grammaticalization* of linguistic thought" nennt[59].

Parallel tauchen seit 1950 auch immer häufiger generelle Haupttitel ohne Untertitel auf, zunächst noch auf eine einzelne romanische Sprache wie das Spanische bezogen:

1952 *Old and New Trends in Spanish Linguistics* (Breve Autobibl. 88),

oder aber auf die Romanistik insgesamt:

1950 *The Hypothetical Base in Romance Etymology* (Breve Autobibl. 83),

1951 *Lexical Polarization in Romance* (Breve Autobibl. 86),

1952 *The Pattern of Progress in Romance Linguistics* (Breve Autobibl. 89),

etc.[60], dann aber von 1953/54 an explosionsartig mit Bezug auf die Sprachwissenschaft schlechthin:

1953 *Language History and Historical Linguistics* (RomPhil 7, Breve Autobibl. 99),

1954 *The Place of Etymology in Linguistic Research* (Breve Autobibl. 101),

1954 *Etymology and the Structure of Word-Families* (Word 10; Breve Autobibl. 103),

1954 *Etymology and Historical Grammar* (RomPhil 8; Breve Autobibl. 106),

etc[61]. — Es ist denn auch nur folgerichtig, daß Malkiel seit 1966 in Berkeley gleichzeitig im Sprachwissenschaftlichen und im Romanisti-

---

[59] Genetic Analysis of Word Formation (1966, Breve Autobibliogr. 26, S. 307; zitiert auch von R. *Posner* in Iordan-Orr 439).

[60] Sodann (mit Verweisen auf die Nummern der Breve Autobibliografía): 1957 [114]; 1960 [122; 124]; 1962 [20; 128]; 1964 [21]; 1968 [28]; 1972 [Comparative Romance Linguistics in Current Trends]; 1982 [Hypercharacterization of Pronominal Gender in Romance, in Gedenkband S. Ullmann, 91 - 107].

[61] Sodann 1956 The Uniqueness and Complexity of Etymological Solutions [Lingua V, Breve Autobibliogr. 110]; 1957 [113]; 1959 [116]; 1959

schen Department unterrichtet[62]. Ein typischer Ausdruck der abstrahierenden Tendenz, Ordnung oder Ordnungen in dieser kaum zu bezwingenden Vielfalt zu erkennen, ist zweifellos in Malkiels *tentative typologies* (Uitti 255), in seinen *typological studies* (Posner 1970, 443) zu sehen: Sie häufen sich von 1957 bis 1962:

1957 *A Tentative Typology of Etymological Studies* (auch in den Essays 1968, 199 - 228; Breve Autobibl. 113).

1959 *Distinctive Features in Lexicography: A Typological Approach to Dictionaries Exemplified with Spanish* (Breve Autobibl. 116).

1962 *A Typological Classification of Dictionaries on the Basis of Distinctive Features* (auch in Essays 1968, 257 - 279; Breve Autobibl. 127).

1976 *Etymological Dictionaries. A Tentative Typology* (The Univ. of Chicago Press; s. dazu meine Bespr. ZrP 96, 1980, 659 - 660).

1960 *A Tentative Typology of Romance Historical Grammars* (Lingua IX, 321 - 416; auch in den Essays 1968, 71, 164; Breve Autobibl. 122).

[118]; 1962 [22; 125; 126; 127]; 1964 [131; 24]; 1965 [132]; 1966 [26]; 1967 [135; 136; 27]; 1968 [137; 140; Historical Linguistics in Int. Encycl. of the Social Sciences, 371 - 380]; 1969 [141]; 1972 General Diachronic Linguistics [in Current Trends]; 1975 Deux catégories d'étymologies ,intéressantes' [RLiR 39, 255 - 295]; Aspirations, Organization, Achievement [in The European Background of American Linguistics, ed. by H. M. Hoenigswald, 107 - 119]; 1979: Problems in the Diachronic Differentiation of Near-Homophones [Language 55, 1 - 36]; ca. 1980 The Lexicographer as a Mediator Between Linguistics and Society [in Theory and Method in Lexicography, ed. by L. Zgusta, 43 - 57]; 1981 Drift, Slope, and Slant: Background of, and Variations Upon, a Sapirian Theme [Language 57, 1981, 535 - 570], und schließlich, um mit einem absichtlich scherzhaften Super-Malkieltitel aufzuhören: Mutual Attraction, Typological Convergence, Multiple Borrowing, Parallel Independent Development, Spiral-Shaped Curve, Periodicity, Advanced State, Slope, Drift, Drag, Slant [RomPhil 35, 1982, 479 - 484].

[62] Semblanzas, in Anuario de estudios medievales VI, 1969, 611.

In dieselbe Richtung gehen die Klassifizierungsversuche wie

1962 *Toward a Unified System of Classification of Latin-Spanish Vowel Correspondences* (RomPhil 16, 153 - 169; Breve Autobibl. 128; vgl. 127).

Uitti betont mit Recht, daß „Malkiel's ... typological classification of various genres of linguistic research ... reflects his taste for abstract formulations placed at the service of concrete data" (Hisp. Rev. 34, 1966, 253). Wenn Malkiel sich selbst die Frage stellt: „But is *typically* a measure of inherent value?" (1964, Essays 1968, 68), ist er sich sehr wohl bewußt, daß es sich um ein heuristisches Hilfsmittel der Wissenschaft handelt:

> „*Typology,* being the more abstract mode of classification, simply acts as a corrective of straight bibliographic records, breaking loose of anecdotal detail and of the all too often obtrusive ‚human element'. Jointly, bibliography and *typology* reflect the dual focus of linguistics on individual facts of language, viewed in their *undistorted richness and uniqueness,* and on the underlying broader patterns" (1962, *A Typological Classification* ...; Essays 261; zitiert auch von Dembowski, RLiR 36, 1972, 165).

Kaum ein anderer Sprachwissenschaftler hat die gesamte Spannweite zwischen der *undistorted richness* und der simplifizierenden *typology*[63] so sehr empfunden, ausgenützt und mit Leben erfüllt wie Malkiel, und gerade deshalb hat er, wie Dembowski betont, nicht aufgehört „de croire à l'interdépendance théorique de toutes les branches de la linguistique" (RLiR 36, 172).

Rebecca Posner bezeichnet Yakov Malkiel als „a leading figure of historical linguistics" (Iordan-Orr 1970, 445). In der Tat liegt Malkiels Hauptinteresse in der ‚historischen Sprachwissenschaft': ein Terminus, den er mit guten Gründen durch ‚genetische' Wissenschaft ersetzt sehen will, zuerst in einem Vortrag von 1965: *Linguistics as a*

---

[63] Neben typology, typicality, typological verwendet Malkiel auch typologically (Language 43, 1967, 232), typologist (ib. 228), typical (ib. 235).

Genetic Science[64]. In diesem Vortrag, in dem es ihm um die geschichtsphilosophische Basis, um die Ätiologie, die Ursachen sprachhistorischer Veränderungen geht, begründet er ein ganz neues terminologisches Feld: *genetic science* (232), *genetic linguistics* (225; 227; 245), *genetics* (225), *genetically oriented linguist* (225), *genetically oriented lexicologist* (233; s. auch 227; 232), *geneticist* (225), ein Wort, das er synonym mit *evolutionist* verwendet (227; 230). An Stelle von *genetic linguistics* erwägt er auch *glottodynamics*, das er später noch oft verwendet:

> „establish a discipline concerned with the *universals*[65], as against the particulars, of change. Whether we decide to call it *glottodynamics*, or *evolutionary linguistics*, or *genetic linguistics*, is a matter of expediency and esthetic preference."

Es ist gewiß kein Zufall, wenn sich gerade in diesem programmatischen Vortrag von 1965 die meisten von uns behandelten Kernwörter finden, die Malkiel selbst als *key words* (zweimal S. 244, einmal mit und einmal ohne Bindestrich) oder als *leader words* (ebenfalls S. 244) bezeichnen würde. Ich führe sie in der Reihenfolge auf, in der wir sie hier besprochen haben:

> *interlocking questions* (237); a subtle *interplay* (238), the *interplay* of contending forces (239), an *interplay* of substratum influence (242); *contamination* (238); the associative *interference* in the widespread *fluctuation* between ... (236); a subtle *interplay* of ... (238), *interwoven* (232); *intermingling* (238); *intertwine* (227), *free interchange* (245) und *interchangeably* (231);

---

[64] Linguistics as a Genetic Science, Language 43, 1967, 223 - 245 [Breve Autobibliogr. 135]; neugefaßt in Genetic Linguistics in den Essays 1968, 1 - 19.

[65] Vgl. auch S. 234; 235. Das Problem der ‚universals' hat ihn immer wieder beschäftigt; s. z. B. den Untertitel Etymological Universals? (1982, Essays 182); Semantic Universals, Lexical Polarization, Taboo: the Romance Domain of ‚left' and ‚right' Revisited, in Festschrift für Oswald Szemerényi ed. by Bela Brogyanyi (Amsterdam Studies in the Theory and History of Linguistic Science IV, Current Issues in Linguistic Theory, vol. 11, 1979, 507 - 527); s. auch Essays 1968, 5; 19 („the study of constants or even universals").

cross-connections (234; vgl. auch *cross-cultural, cross-spatial, cross-temporal* 235); *concatenation* of cause and effect (234), *concatenation* of historical antecedents (244); *amalgame(s)* (229; 242); *fluid* dialect usage (238), cataclysmic *flux* (245), *fluctuation* (239; 236), *fluctuations* of meaning (227), the *overflowing* mass of raw data (224); the *gradual* concentration on details (224), *gradual retrenchments* (230), *gradually* yielding (232); *hierarchy* (230; 235; vgl. unsere Fn. 34), *hierarchical* inferiority (232), *hierarchization* (243); *chain* (234); *infinite complexity* (245), the *complexity* of the facts (237), *complex* mutually related processes (238), in *multiple* or *complex* causation (238); *complicated* relationships (238); *tangled* (237); *intricacies* (242), *intricate* (242), *intricately* structured (236); *kaleidoscopic varieties* (243), *dynamic* theories (228); *versatility* (241), *versatile* (225); *multiple* (or *complex*) vs. single (or simple) *causation* (235), *complex causation* (235), *multiple causation* (237; 241); *concurrent causes* ... plausible *pluricausality* (vs. „the prevalent notion of *unicausality*" 242).

Dies ist gewiß eine *rich orchestration* (241) und für mich eine weitere eindrucksvolle Bestätigung dafür, daß meine terminologische Auswahl kein Zufall sein kann.

Gleichzeitig erweist es sich, daß eine enge Beziehung besteht zwischen dem im ersten Teil analysierten methodologischen Kernwortschatz und der im zweiten Teil dargelegten Entwicklung von der Akzentuierung des Details zur Hervorhebung des Typischen, des Allgemeinen. Und diese generellen und typologischen Arbeiten stellen nun ihrerseits wiederum das Bindeglied dar zum dritten thematischen und methodologischen Schwerpunkt Malkiels: zur W i s s e n s c h a f t s -
g e s c h i c h t e. In fast jeder dieser prinzipiellen Arbeiten wird deutlich, wie sehr Malkiel die Wissenschaftsgeschichte als Geschichte der Personen sieht, empfindet und miterlebt, die sie gestaltet haben. Malkiel wird die Geschichte, deren Opfer er selbst geworden ist, auch thematisch — als ein zentrales Thema seines Forschens — nicht mehr los. Auch dies hat seine Wurzeln ohne Zweifel in den schwierigen Berliner Jahren, die ihm gleichzeitig gezeigt haben, wie wenig *und*

wie viel der einzelne in weltgeschichtlichen Prozessen vermag. Das Schicksal Elise Richters, die 1943 im KZ gestorben ist und der Malkiel 1977 zusammen mit Wolfgang Meid einen würdigen und eindrucksvollen Gedenkband gewidmet hat[66], soll hier als Beispiel stehen. Malkiels Beitrag *Distinctive Traits of Romance Linguistics* von 1964 enthält einen bezeichnenden Passus zu *The Impact of Powerful Personalities* (Essays 1968, 68), von *magnetic personalities*, wie er im Text sagt. Jeder Romanist ist für Malkiel ein Stück Wissenschaftsgeschichte; er ist dafür verantwortlich und muß sich vor der Geschichte dafür verantworten. In dieser Perspektive hat Malkiel einen neuen Typus von Nachruf geschaffen, und allein die lange Reihe seiner Nachrufe bildet ein gutes Stück Wissenschaftsgeschichte des 20. Jhs.[67] An die Stelle des pietätvollen Verschweigens tritt die kritische wissenschaftsgeschichtliche Würdigung. Bei allem Willen zur Objektivität bedeutet dies stets eine dezidierte Stellungnahme, und Yakov Malkiel hat nie davor zurückgeschreckt. Er weiß, daß er sich damit auch Feinde geschaffen hat; man hat ihm einen „überheblichen

---

[66] *Elise Richter*, Kleinere Schriften zur allgemeinen und romanischen Sprachwissenschaft, Ausgewählt, eingeleitet und kommentiert von Yakov Malkiel (Innsbrucker Beiträge zur Sprachwissenschaft, 21), Innsbruck 1977, 599 S.; s. dazu unsere Besprechung ZrP 94, 1978, 563 - 564, sowie RomPhil 33, 1979, 284 - 299 (Ernst Pulgram), RomJahrb 31, 1980, 251 - 253 (Willi Hirdt), VoxRom 39, 1980, 294 - 297 (Peter Wunderli), Die Sprache 27, 1981, 45 (P. Schifko); außerdem *H. H. Christmann*, Frau und „Jüdin" an der Universität, Die Romanistin Elise Richter (Wien 1865 — Theresienstadt 1943) (Akad. der Wiss. und der Lit. Mainz), Wiesbaden (Steiner) 1980, 46 S. (dazu die Besprechung durch *Manfred Mayrhofer*, ZrP 97, 1981, 531 - 532, und von *Y. Malkiel*, die in RomPhil erscheinen wird).

[67] Zu Malkiels wissenschaftsgeschichtlichen Arbeiten und zu den Nachrufen s. z. B. *R. Posner* in Iordan-Orr 1970, 444 („Malkiel's contributions have characteristically been subtle and discerning appreciations of the ,whole man' who produced the linguistic works, rather than impersonal and skeletal accounts of trends and schools. His obituaries are works of art which bring alive again the scholarly preoccupations of their subjects"); *Theodor Berchem* in seiner Besprechung der Essays: „... zur typologischen Klassifizierung historischer Grammatiken, in der Vf. zuweilen hart, aber im ganzen gesehen nicht unfair und mit achtunggebietender Kompetenz über die sprachwissenschaftliche Produktion einiger Jahrzehnte zu Gericht sitzt" (RomJahrb 22, 1971, 201).

Ton" und eine „ständige gehässige Polemik" vorgeworfen, „in Besprechungen, Aufsätzen und sogar Nekrologen"![68] Malkiels Wissenschaftsgeschichte ist ‚personenbezogen' — ein guter Terminus von Otto Gsell —; aber es geht ihm, und dies muß man ihm zubilligen, stets um die Wissenschaftsgeschichte und nicht um die Person. Dies kann besonders dort zu Schwierigkeiten führen, wo aktuelle und künftige Forschungsvorhaben berührt werden, z. B. bei dem harten Urteil Malkiels über Pfisters *Lessico etimologico italiano,* mit dem ich gerade wissenschaftsgeschichtlich nicht konform gehen kann[69]. Ich sage dies ganz bewußt und mit Berufung auf Malkiels eigene Konzeption von ‚personenbezogener' Wissenschaftsgeschichte. Aber es kann überhaupt kein Zweifel daran bestehen, daß — wie Otto Gsell es ausdrückt — „Malkiel als Historiker der romanischen Sprachwissenschaft von führendem Rang ist" (Iberoromania 13, 20). Und ich kann nur Peter Dembowskis Wunsch unterstreichen:

> „La lecture des essais de Yakov Malkiel nous introduit certainement à *l'histoire de la linguistique.* Cette lecture me persuade qu'il y a peu d'érudits mieux qualifiés que lui pour écrire une histoire détaillée et exhaustive de notre science. J'espère qu'il trouvera le temps d'en rédiger une" (RLiR 36, 1972, 171).

Hoffen wir mit Dembowski, daß er die Zeit dazu finden wird.

Vor 45 Jahren wurde Yakov Malkiel in schwieriger Zeit hier in Berlin promoviert. Malkiel mußte in der Emigration zu einem der bedeutendsten Romanisten und Sprachwissenschaftler unserer Zeit heranreifen. Heute, mit der Verleihung eines Dr. honoris causa durch die Freie Universität Berlin im breiteren Rahmen des Deutschen Romanistentages schließt sich der Kreis eines Emigrantenschicksals.

---

[68] *Bengt Löfstedt* in einer Besprechung im Archiv 206, 1969, 142 Fn. 2. Selbst *Otto Gsell,* der Malkiels Verdienste ja voll anerkennt, schreibt: „Weniger glücklich mag man über eine vielleicht überstarke Präsenz des ‚personalisierenden' und bewertenden Elements sein" (Iberoromania 13, 1981, 19).

[69] *S. Malkiels* Besprechung zu Max Pfister, LEI I, fasc. 1 - 2, Wiesbaden (Ludwig Reichert) 1979 - 1980; Id., Supplemento bibliografico ... 1980, in Kratylos 25, 1980 [1981], 148 - 161.

Es läßt verstehen, warum Malkiel jenen schmerzlichen Vers aus der
1. Egloga von Garcilaso de la Vega als schönsten Vers in spanischer
Sprache empfindet[70], mit dem auch ich schließen möchte: „No me
podrán quitar el dolorido Sentir."

Beiträge zu Malkiel

1. *K. D. Uitti*, Problems in Hispanic and Romance Linguistics (Selected Writings of Yakov Malkiel) in Hispanic Review 34, 1966, 242 - 255.
2. *M. Alvar* in Iorgu Iordan, Lingüística Románica, reelaboración parcial y notas de M. Alvar, Madrid (Alcalá) 1967, 313 f.
3. *K. Baldinger* ZrP 84, 1968, 636 f. (Bespr.).
4. *Francisco Rico, Semblanzas:* Yakov Malkiel, Anuario de estudios medievales VI, 1969 [1972], 609 - 613.
5. *R. Posner* in I. Iordan — J. Orr, An Introduction to Romance Linguistics, Oxford ²1970, 434 - 447.
6. *D. Catalán* in Current Trends in Linguistics IX, 1972, S. 1082, 1085 f.
7. *W. P. Lehmann* in FL 8, 1972, 280 - 287.
8. *P. Dembowski*, RLiR 36, 1972, 163 - 172 (Bespr.).
9. *Otto Gsell*, Das sprachwissenschaftliche Oeuvre Yakov Malkiels, in Iberoromania 13, 1981, 1 - 29.
10. *P. Swiggers*, Yakov Malkiel, in Romaneske [= Zeitschrift der Romanisten von Louvain und Courtrai] VIII: 1, 1983, 29 - 33.

Bibliographien

1. *Y. Malkiel*, Breve Autobibliografía analítica, in Anuario de estudios medievales 6, 1969, 615 - 639.
2. *Otto Gsell* als Anhang zu seinem Beitrag Das sprachwissenschaftliche Oeuvre Yakov Malkiels, Iberoromania 13, 1981, 25 - 29 (94 Nummern vorwiegend zum Zeitraum 1958 - 1978).

---

[70] *Semblanzas* 1969, S. 611; Garcilaso de la Vega, *Obras* (Col. Austral) 1970, S. 33. Azorín verwendete diesen Vers als Motto zu *Una ciudad y un balcón* (Azorín, Castilla, Buenos Aires 1976, S. 55).

URKUNDE

ZUR

VERLEIHUNG

DES DR. PHIL. HONORIS CAUSA

DURCH DEN

FACHBEREICH

NEUERE FREMDSPRACHLICHE PHILOLOGIEN

DER

FREIEN UNIVERSITÄT BERLIN

DER FACHBEREICH

NEUERE FREMDSPRACHLICHE PHILOLOGIEN

DER FREIEN UNIVERSITÄT BERLIN

VERLEIHT

UNTER DEM PRÄSIDENTEN

PROFESSOR DR. EBERHARD LÄMMERT

DURCH DEN FACHBEREICHSSPRECHER

PROFESSOR DR. RICHARD GERBER

HERRN PROFESSOR DR. PHIL. YAKOV MALKIEL

GRAD UND WÜRDE EINES

DOKTORS DER PHILOSOPHIE EHRENHALBER

DAMIT WÜRDIGT DER FACHBEREICH NEUERE FREMDSPRACHLICHE
PHILOLOGIEN DIE HERAUSRAGENDEN VERDIENSTE YAKOV MALKIELS UM
DIE ROMANISCHE PHILOLOGIE. DURCH SEIN BEDEUTENDES WERK HAT
ER DIE ROMANISCHE SPRACHWISSENSCHAFT IM UMFASSENDEN
TRADITIONELL EUROPÄISCHEN SINNE MASSGEBLICH GEFÖRDERT UND
- OFFEN FÜR MODERNE SPRACHWISSENSCHAFTLICHE ENTWICKLUNGEN -
IN NEUE BAHNEN GELENKT. ER HAT DER HISTORISCHEN
SPRACHWISSENSCHAFT IN AMERIKA GELTUNG UND ANSEHEN
VERSCHAFFT UND DAMIT DEREN STELLUNG AUCH IN EUROPA ERNEUT
GESTÄRKT. ALS BEGRÜNDER DER ZEITSCHRIFT *ROMANCE PHILOLOGY*
HAT YAKOV MALKIEL EINES DER WICHTIGSTEN WISSENSCHAFTLICHEN
PUBLIKATIONSORGANE DES FACHES GESCHAFFEN UND MASSGEBLICH
GESTALTET. IN DEM WUNSCHE, DIE DURCH DIE EMIGRATION
UNTERBROCHENE BINDUNG YAKOV MALKIELS AN DIE BERLINER
UNIVERSITÄT ZU ERNEUERN, AN DER ER 1938 DIE DOKTORWÜRDE DER
PHILOSOPHISCHEN FAKULTÄT ERLANGTE, EHRT DER FACHBEREICH IN
YAKOV MALKIEL EIN MITGLIED DER ALTEN BERLINER UNIVERSITÄT,
DESSEN LEBEN UND WERK DURCH DIE NATIONALSOZIALISTISCHE
DIKTATUR HÖCHSTER GEFÄHRDUNG AUSGESETZT WAREN.

BERLIN, DEN 6. OKTOBER 1983

Richard Gärtner

FACHBEREICHSSPRECHER

EBERHARD LÄMMERT

Sehr verehrter Herr Malkiel,

als der erste Gratulant der Freien Universität fasse ich die vielen Stimmen zusammen, die Ihnen heute zu dieser Ehrenpromotion ihre Glückwünsche darbringen. Wir achten die Mischung aus Genugtuung und aus trauernder Erinnerung an die jüdischen Altersgenossen Ihres Fachs, mit der Sie diese Ehrung entgegennehmen, und auch wir gedenken dabei derer mit, die der nationalsozialistische Furor aus Deutschland ausgetrieben oder ermordet hat. Doch gilt unser Dank auch einem wissenschaftlichen Lebenswerk von hohen Graden, das Sie den Widrigkeiten ihres Lebensweges abgewonnen haben. Sie nach einer weit ausgreifenden Gelehrtenlaufbahn wieder in das Berliner Universitätsleben aufzunehmen, war der Wunsch der Romanisten an der Freien Universität, und als Ehrendoktor des Neuphilologischen Fachbereichs sind Sie nun wieder nicht nur einer unserer Romanisten, sondern auch ein maßgebendes Mitglied unserer Universität geworden. Maßgebend im wörtlichen Sinne, denn mit der Wahl ihrer Ehrendoktoren setzt eine wissenschaftliche Disziplin auch sich selbst ihr Maß und legt sich die Verpflichtung zur Orientierung ihrer eigenen Arbeit an einem solchen Maßstabgeber auf. Deshalb gilt mein Glückwunsch im Namen aller Angehörigen der Freien Universität auch dem Fachbereich, der seiner eigenen Forschungsarbeit mit der Ihren neue Orientierungsmarken setzt.

Sie haben die Kraft gehabt, als Sprachhistoriker aus der bedeutenden romanistischen Tradition des Jahrhundertanfangs nicht nur die Widrigkeiten des Exils, sondern auch die epochale Gegenwendung zu bestehen, die in der Linguistik wie in vielen anderen Humanwissenschaften in den mittleren Jahrzehnten unseres Jahrhunderts sich ereignete, als typologisch-vergleichende, synchron-systematische und strukturalistische Forschungsrichtungen sich aus der Umarmung der historischen Philologien, der die Geisteswissenschaften gerade in Deutschland vom 19. Jahrhundert her ihren Glanz verdanken, zu befreien suchten und für eine Weile ihre neue Einseitigkeit zum kategorischen Imperativ erhoben. Die Wissenschaftsgeschichte kennt einen Lohn für solche Beständigkeit. Denn die Regel, daß auf die Gegenwendung die Synthese folgt, ereignet sich in den Bemühungen um eine Fusion oder doch Interdependenz von historischen und systematisch-vergleichenden Fragestellungen vor unser aller Augen, und da finden Sie sich als Lehrmeister einer methodischen Interdependenzforschung unversehens wieder an der Spitze der Bewegung. Denn gerade die sich wiederbelebende historische Forschung hat den erfahrenen Könner nötig, der historische Methoden — erlauben Sie mir das Paradoxon — seit je systematisch gehandhabt hat.

Worin die besondere Fähigkeit besteht, die Sie zum Lehrmeister einer Methodik des genetisch-vergleichenden Vorgehens macht, hat uns Herr Baldinger vorhin aufs anschaulichste bewußt gemacht: Gerade der Historiker nämlich, der sich dazu anhält, den Schub der geschichtlichen Entwicklung aus einer Interdependenz vieler Wirkfaktoren herzuleiten, ist der begehrte Helfer, wenn es gilt, unsere angereicherten Methoden des Strukturvergleichs nun der historischen Erkenntnis voll zugute kommen zu lassen.

Für die Umsicht, mit der Sie hier selbst zu Werke gingen, ist beispielgebend Ihre Vorliebe dafür, von einer genetischen Sprachwissenschaft anstelle einer historischen zu reden, wenn es darum geht, komplexe Kausalforschung und nicht Wissenschaftsgeschichte zu betreiben. Es mag Sie interessieren, daß in der Jurisprudenz vor nicht zu langer Zeit eben diese Unterscheidung zu einer bemerkenswerten Verfeinerung der Gesetzesauslegung geführt hat.

Die historische Auslegung im engeren Sinne meint dort nämlich etwas, das sich am ehesten der wissenschaftsgeschichtlichen Betrachtungsweise vergleichen läßt: Sie befragt frühere Gesetzesformulierungen, um die fortgesetzte oder veränderte Zielsetzung neuer Gesetze bestimmen zu können. Die genetische Methode befragt dagegen Dokumente, die den Vorgang eines Gesetzgebungsaktes selber von Schritt zu Schritt erhellen können. Ich denke, jeder von seiner eigenen Modernität durchdrungene Hermeneut wird hier von dem grand old man der genetischen Sprachwissenschaft, der Sie sind, die Tugend des genauen Hinsehens lernen können.

Zwischen der alten und der neuen Welt haben Sie, zuerst aus Not und dann aus dem Reichtum Ihrer Erfahrungen, Brücken geschlagen, die weit über Ihr Fach hinaus von Bedeutung sind. Betrachtet man das Ihnen und vielen unserer besten Köpfe auferlegte Exil nicht nur von den Wunden her, die es den Wissenschaften in Deutschland hinterlassen hat, sondern auch mit dem Blick auf die charakteristischen Anreicherungen, die den humanities der Neuen Welt auf diesem Wege zuteil wurden, so haben Sie auch unseren Universitäten damit einen unverdienten, aber großen Dienst geleistet. Dazu bedurfte es allerdings einer Qualität, die Ihren wissenschaftlichen Habitus kennzeichnet: dem Fremden gegenüber nicht nur abweisend, sondern über alle Widerstände hinweg auch hinhörend und verstehend sich zu verhalten. Sie haben von Berkeley aus nicht nur der Romanistik in Amerika eine europäische Romanistik entgegengehalten, Sie sind auch in dieser Hinsicht ein Integrationskünstler geworden, und die Sprachwissenschaft Ihres neuen Kontinents sieht danach anders aus.

Man kann auf den Gedanken kommen, daß die hartnäckigen Idiosynkrasien, die andere bedeutende Exulanten wie etwa Horkheimer und Adorno nicht weit von Ihnen, in Los Angeles, dem amerikanischen Kulturbetrieb entgegenbrachten, zu nicht geringen Teil den Anstoß abgegeben haben, daß nach dem Kriege mit den Rückkehrern die kritische Theorie alsbald eingehüllt in eine Woge der umfassenden Gesellschafts- und Kulturkritik über unser Land zog.

Die Brandung dieser aus Hellsicht und aus Unmut komponierten Erfahrungen aus einem anderen Kontinent hat uns gerade in Berlin voll erreicht. Von dem Brückenschlag, der Ihnen gelang, gehen andere Wirkungen aus, auf die wir gerade heute angewiesen sind: Die Internationalität der Wissenschaften wird heutzutage ein immer wichtigeres und womöglich das letzte Bollwerk gegen eine Flut von Gesetzen und Verordnungen, die unsere Universitäten nationalisieren, wenn nicht provinzialisieren. Jemand, der in dieser Lage Missionar in beiden Richtungen zu sein versteht, tut uns mit seiner Wissenschaft und tut uns auch als welterfahrener Freund einen großen Dienst.

Zu den vielen Narben, die uns die nationalsozialistische Gewaltherrschaft hinterlassen hat, gehört auch, daß wir Ihnen in einer Universität des westlichen Berlin Ihre Abkunft und Ihre Zugehörigkeit zur Berliner Wissenschaft neu bestätigen müssen. Nehmen Sie dies aber auf mit der festen Versicherung, daß die besten Traditionen der vormals größten deutschen Universität auch bei uns neben unseren neuen, nicht leichten Aufgaben nicht vergessen sind, und seien Sie auch fernerhin einer von denen, in dem wir sie wiederfinden können.

YAKOV MALKIEL

Tobler, Gröber und der junge Meyer-Lübke

Bis ungefähr zum Jahre 1870 waren es eigentlich nur begabte und mutige Einzelgänger, die in Mitteleuropa und anderswo das Studium der romanischen Sprachwissenschaft betrieben. Diez war gewiß eine Berühmtheit, seine Bücher wurden gekauft, gelesen und sogar übersetzt; aber irgendwelchen dauernden Einfluß auf die allgemeine und die vergleichende Linguistik oder Glottik (wie man damals die Sprachwissenschaft gelegentlich bezeichnete) übte er kaum aus. Schuchardt war als Anfänger, in den sechziger Jahren, überhaupt kein Romanist; er hatte in Bonn, nach anfänglichem Studium in Jena, seine Dissertation eingereicht, aber er hatte nicht bei Diez gehört; der Impuls zur Erforschung des provinziell differenzierten Lateins ging in seinem Fall von Theodor Mommsens grandiosen Plänen und Leistungen und von Ritschls Untersuchungen zur Sprache des Plautus aus. Schon in sehr jungen Jahren, um die Mitte der vierziger Jahre herum, beschäftigte sich Graziadio Isaia Ascoli vorübergehend mit den Beziehungen des Friaulischen zum „Walachischen" (wie man damals das Rumänische schlechthin nannte), aber bald sah er ein, daß er als junger Gelehrter nur auf Grund solider Arbeiten ernstgenommen werden würde, und so kehrte er der Romanistik schlankweg den Rücken, allerdings, um im Jahre 1873 zum Rätoromanischen (das er „Ladino" nannte) in einem Triumphzug zurückzukehren ...

Zwanzig Jahre später war aber die Romanistik in vollem Schwunge; jedoch erspare ich Ihnen das Inventar von Namen, Titeln, Lehrstühlen, Seminaren und Veröffentlichungen, die diese Behauptung bekräftigen könnten, aus dem einfachen Grunde, daß niemand (soweit ich weiß) an dieser Binsenwahrheit zweifelt. Nun fragt man sich: wie war es binnen zweier Jahrzehnte dazu gekommen, daß sich die romanische Sprachwissenschaft fast *ex nihilo* zu einer blühenden Disziplin entfaltet hatte? Darüber könnte man natürlich ein Buch schreiben, ein Buch von Format; dazu fehlt es uns heute an der nötigen Muße. Aber gewisse Schlüsse lassen sich ziehen aus der kritischen Betrachtung dreier sich überschneidender Profile: Adolf Toblers, Gustav Gröbers sowie des jungen Meyer-Lübke. Damit möchte ich nicht behauptet haben, daß andere Forscher jener Zeit im Vergleich zu diesem Dreigestirn uninteressant seien; vieles ließe sich z. B. über Hermann Suchier sagen, dessen „kontrastive" Beleuchtung des Altfranzösischen und Altprovenzalischen, von anderen Facetten seines geistsprühenden Beitrags zu Gröbers *Grundriss* (1888) ganz zu schweigen, nicht in Vergessenheit geraten sollten. Aber irgendwie sind die drei programmatisch hier gewählten Persönlichkeiten besser dazu geeignet, den Prozeß des allmählichen Ausreifens der romanischen Sprachwissenschaft vor Augen zu führen. Meyer-Lübke war ein Schüler Toblers in Berlin und schrieb nach dessen Tod einen glänzenden Essay, der alle anderen Arbeiten dieser Art aus der Feder des Hofrats um ein Vielfaches überragt. Gröber lud den älteren Tobler und den jüngeren Meyer-Lübke — sicherlich auf das herzlichste — ein, ihm beim Aufbau seiner *Zeitschrift* und seines ebenso vielversprechenden *Grundrisses* zu helfen, was sie auch gerne und zweifelsohne sehr erfolgreich taten. Es bestanden also wirkliche Beziehungen zwischen diesen drei Romanisten, und zwar durchaus freundschaftliche Beziehungen — trotz sehr scharfer Unterschiede zwischen ihren Temperamenten sowie ihren wissenschaftlichen Bindungen und Verpflichtungen.

I

Der äußere Verlauf von Toblers Karriere an der Friedrich-Wilhelms-Universität bietet dem heutigen Historiographen der Philologie und Sprachwissenschaft keine besonderen Schwierigkeiten. Tobler, ein Schweizer von Geburt (1835), war ein direkter Schüler Friedrich Diezens, studierte also an der Universität Bonn nach einer zweijährigen Vorbereitung in Zürich, und war demgemäß mit dem Betrieb einer deutschen Hochschule und mit dem preußischen Lebensstil durchaus vertraut, als er an die Berliner Universität im Jahre 1867 (mit knapp 32 Jahren), und zwar zunächst als außerordentlicher Professor ohne jeglichen Vorgänger, berufen wurde. Immerhin mußte er sich zunächst einleben und die lokalen Verhältnisse genauer kennenlernen, was schon damals Zeit und Energie verlangte. Die Schwierigkeiten dieses Anlaufs verlangsamten etwas das Tempo seiner Veröffentlichungen, und dem ersten Buch dieses Zeitabschnitts, das genau drei Jahre nach der Berufung erschien und, zumindest für den heutigen Geschmack, etwas schwerfällig betitelt war (*Mitteilungen aus altfranzösischen Handschriften, I: Aus der „Chanson de geste de Auberi," nach einer vatikanischen Handschrift*), war denn auch kein sensationeller Erfolg beschieden, es sei denn, daß man an Toblers Beförderung zum Ordinariat denkt. Aber schon im nächsten Jahr änderte sich die Lage entschieden, als Tobler ein kleines Meisterwerk veröffentlichte, das ihm zum Durchbruch verhalf, nämlich eine kurze altfranzösische Fassung der bekannten Parabel von dem echten Ringe, *Li dis dou vrai aniel*, mit einem mustergültigen literaturgeschichtlichen sowie dialektologisch ausgerichteten philologischen Kommentar. Dieses schmale, aber gewichtige Buch wurde zu einem Ereignis, was von der Zahl weiterer Auflagen bezeugt wird (die dritte erschien postum im Jahre 1912), und bildet, zusammen mit Fritz Neumanns bemerkenswerter *Laut- und Flexionslehre des Altfranzösischen, hauptsächlich aus pikardischen Urkunden aus Vermendois* (Heilbronn, 1878), eine Art mitteleuropäisches Gegenstück zu Gaston Paris' vorzüglichen Alexiusforschungen, von denen die wichtigste ebenfalls zu Anfang der siebziger Jahre in Frankreich erschien. Gaston Paris, der bekanntlich auch ein unmittelbarer Schüler Diezens war und, trotz des Kriegs, eine durchaus versöhnliche Einstellung zur deutschsprachigen Romanistik einnahm, beeilte sich gerade damals, von dem in Berlin tätigen Schweizer einen Beitrag für seine neugegründete Zeitschrift *Romania* zu gewinnen, der dann auch pünktlichst im zweiten Bande erschien.

Mit den Gründerjahren nahm die Dynamik des akademischen Lebens im allgemeinen zu, besonders — wie ja zu erwarten war — in der Reichshauptstadt: das trifft auch auf die Romanistik zu, die ursprünglich in Berlin sehr schwach vertreten war — man kann sich in den fünfziger und sechziger Jahren kaum an etwas anderes als an die altmodischen provenzalischen und etymologischen Forschungen Karl A. F. Mahns erinnern, es sei denn, daß man, ab 1867, an die ersten, noch zagen Schritte der hochbegabten Karoline Michaëlis denkt, die aber als Frau Privatgelehrte war und blieb und mit dem Universitätsbetrieb wenig zu tun hatte, obwohl ihr Vater, von Hause aus ein Germanist, dort einen bescheidenen Posten bekleidete. Auch Mahn, der erst im Jahre 1887 — allerdings hochbetagt — starb, dürfte eher an einem Gymnasium unterrichtet haben.

Von der Mitte der siebziger Jahre mußte Tobler energisch zupacken, um zu verhindern, daß die Berliner von der neugegründeten Straßburger Universität überholt wurde, und der Erfolg blieb nicht aus. Schon im Jahre 1870/71 erschien seine erste Arbeit („Bericht über die Handschrift von *Arborea* ..."), die er der Preußischen Akademie der Wissenschaften vorlegen konnte, in deren Sitzungsberichten. Im Jahre 1875 wurde er eingeladen, im Saale der Berliner Singakademie in einer festlichen Umrahmung einen Vortrag über das „Spielmannsleben im alten Frankreich" zu halten, der noch im gleichen Jahr in Leipzig erschien, und zwar in einer Schriftenreihe, die wohl nicht zufällig *Im neuen Reich* betitelt war. Man denkt unwillkürlich an Stefan George, und die Assoziation ist nicht ganz absurd; vielleicht war es nur ein Zufall, aber George traf tatsächlich den ersten jungen Mann, der zu ihm stieß und so zu einem Prototyp seiner späteren „Jünger" wurde, nämlich Carl August Klein, in einem Kolleg Adolf Toblers, wie Klein ein halbes Jahrhundert später in seinen Erinnerungen selber gestand. Und nun begannen sich die Ereignisse zu jagen. Im Jahre 1877 legte Gröber das erste Heft des ersten Bandes der neugegründeten *Zeitschrift für romanische Philologie* vor. 1876 war das Todesjahr Diezens. Wenn solche Vermutungen überhaupt zulässig sind, glaube ich nicht fehlzugehen in der Annahme, daß Gröber — mit der Zustimmung wohl aller Fachgenossen — den Altmeister Diez aufgefordert hätte, mit einem Beitrag aus seiner Feder die voraussichtlich lange Reihe glänzender Aufsätze zu eröffnen. Leider konnte Diez, wie allgemein bekannt war, im hohen Alter (er hatte ja sein achtzigstes Lebensjahr überschritten) überhaupt nicht mehr zur Feder greifen. Und an wen beschloß sich Gröber unter diesen Umständen zu wenden? Der erste Beitrag stammte von Tobler, eine Anerkennung, die ihn, der damals knapp vierzig Jahre alt war, sofort als einen, oder vielleicht als *den* wegweisenden Romanisten seiner Generation kennzeichnete.

Von nun an standen ihm alle Wege offen; fast jedes Jahr brachte ihm eine schöne Überraschung; kein Romanist erfreute sich eines höheren Maßes an Wertschätzung. Noch im Jahre 1877 wurde ihm eine weitere große Ehre erwiesen — er wurde aufgefordert (und leistete dieser Einladung Folge), zu einer Festschrift für Theodor Mommsen (*Commentationes Philologae in Honorem Theodori Mommsen* ...) einen Aufsatz beizusteuern. Der Titel dieser zehn Seiten langen Arbeit war „Vom Verwünschen" — Tobler hütete sich also bei dieser einmaligen Gelegenheit, sich über textkritische Lappalien zu verbreiten. Diese Ehrbezeugung wog sicherlich mehr als die späteren Einladungen, allerlei Fest- und Gedenkschriften zu Ehren verdienter Fachgenossen (Caix-Canello, 1886; Schweizer-Siedler, 1891; Wahlund, 1896 und Chabaneau, 1907) zu bereichern. Hochbegabte, vielseitig interessierte, idealistisch motivierte Schüler saßen zu seinen Füßen in den achtziger Jahren — denken Sie etwa an Georg Cohn, der auch ein scharf profilierter klassischer Philologe war und darüber hinaus allgemeine Sprachwissenschaft unter der Anleitung des talentierten Humboldtianers H. Steinthal erfolgreich betrieben hatte, aber sich dennoch schließlich für eine großartige vulgärlateinische Suffixstudie als Thema seiner Dissertation entschied und sich dadurch letzten Endes als Romanist kennzeichnete. Junge Gelehrte begannen damals, sich um Tobler zu scharen, darunter sein Landsmann Wilhelm Meyer, ebenfalls aus dem Kanton Zürich stammend und ein entfernter Verwandter von Conrad Ferdinand Meyer. Natürlichen haben Sie in ihm den künftigen Meyer-Lübke erkannt; nach einem Jahr intensiven Studiums an der Pariser École pratique des Hautes Études siedelte Meyer nach Berlin um, wo er sich zu Kollegs und Übungen bei dem Indogermanisten Johannes Schmidt, aber auch bei Tobler meldete — wie es sich eben gehörte.

Ohne Zweifel erreichten Toblers Ansehen und Einfluß ihren Höhepunkt Anfang der neunziger Jahre, z. B. als er am 15. August 1890 in der Aula — der späteren „alten Aula" — der Friedrich-Wilhelms-

Universität bei der Übernahme des Rektorats eine Rede hielt, die einer programmatischen Bedeutung nicht entbehrte, nämlich über „Romanische Philologie an deutschen Universitäten". Und im folgenden Jahre war er der offizielle Redner bei der traditionellen Gedächtnisfeier zu Ehren König Friedrich Wilhelms des Dritten — des Gründers der Universität. Das Thema seines Vortrags war sehr geschickt gewählt: „Dante und vier deutsche Kaiser." Alledem kann man getrost entnehmen, daß Tobler — ähnlich wie später Morf — ein vorzüglicher Redner gewesen sein muß — im Gegensatz etwa zu seinem Lehrer Diez, dem man gelegentlich eine gewisse Schüchternheit und Zurückgezogenheit, wahrscheinlich mit Recht, nachsagte. Daß Toblers Schüler sich für ihn begeisterten, zunächst weil er eine allgemein hochgeschätzte Persönlichkeit war und durch den Respekt, den man ihm zollte, das Niveau seiner Disziplin spürbar erhöhte, dann aber, weil er sich seiner Studenten und auch ehemaliger Hörer tatkräftig annahm, ist fast selbstverständlich. Ein sozusagen offizielles Zeugnis für diese einstimmige Begeisterung der Jugend war die bemerkenswerte Festschrift — die erste ihm gewidmete —, die gerade seine „dankbaren Schüler als Ehrerbietung darbrachten" — zur Feier seiner 25jährigen Tätigkeit als Ordinarius; man bezieht sich auf sie als *Abhandlungen* ... Damit waren die Huldigungen nicht abgeschlossen. Zehn Jahre später wurde ihm eine zweite, ebenso schön ausgestattete und (in jedem Sinne des Wortes) schwerwiegende Sammlung von Arbeiten dargeboten, die eigentliche *Festschrift*, diesmal von der Berliner Gesellschaft für das Studium der neueren Sprachen — derselben Vereinigung von Lehrkräften an den Hochschulen und höheren Schulen, die schon seit den vierziger Jahren die Verantwortung für das *Archiv für das Studium der neueren Sprachen und Literaturen*, manchmal *Herrigs Archiv* genannt, mit der Braunschweiger Verlagsfirma G. Westermann teilte. Über die Begeisterung des Schülerkreises weiß ich auch aus anderen Quellen zu berichten; z. B. bekräftigten sie in geradezu überschwenglicher Art, in Gesprächen mit mir, zwei im allgemeinen zurückhaltende ehemalige Schüler Toblers, nämlich Georg Cohn Ende der dreißiger und Kurt Lewent ebenfalls damals, aber auch Anfang und Mitte der vierziger Jahre, der erstere in Berlin, der letztere zum Teil in Berlin, zum Teil in New York, also etwa ein Menschenalter nach dem Tode ihres Lehrers. Andere Beweise seines durchschlagenden pädagogischen Erfolges und seiner sehr freundlichen Beziehungen zu seinem Schülerkreise sind z. B. die vielleicht nicht allgemein bekannte Tatsache, daß er eine äußerst wertvolle, an Programmschriften überreiche, Privatbibliothek dem romanischen Seminar Berlin vermachte (in den dreißiger Jahren war sie im Neuen Aulagebäude untergebracht); daß ein anderer befreundeter schweizerischer Romanist, Heinrich Morf, auf seinen Posten berufen wurde, unmittelbar nachdem Tobler in den Ruhestand getreten war, nämlich im Jahre 1905 (ein Jahr vor seinem Tode); und schließlich, daß sein letzter Schüler, Erhard Lommatzsch, wie ja allgemein bekannt ist und nicht genug gerühmt werden kann, fast sein ganzes Leben — bis in die siebziger Jahre — der mustergültigen Rettung von Toblers vielleicht wichtigsten Aufzeichnungen, nämlich seiner Materialiensammlung zum *Altfranzösischen Wörterbuch*, selbstlos gewidmet hat, ein ganz großer Wurf, der jetzt von Hans Helmut Christmann, seinerseits einem berufenen Schüler Lommatzschs, zu Ende geführt wird.

Trotz aller dieser Erfolge und trotz der Tobler bis über seinen Tod hinaus amtlich und privat gezollten Anerkennung ist es nicht schwer einzusehen, daß er nach 1885 als Wissenschaftler einen eher konservativen Standpunkt vertrat. Die entscheidenden Neuerungen in der Romanistik stammten nach diesem Wendepunkt nicht mehr von ihm und ebensowenig von seinen Schülern und direkten Nachfolgern, sondern von zwei anderen Gelehrten sehr großen Formats, Gustav Gröber und Wilhelm Meyer-Lübke. Daß es zwischen ihnen und dem erheblich älteren Tobler nicht zu Reibungen kam, so daß die unterschiedlichen Methoden und Ziele auf einer rein wissenschaftlichen Ebene, ohne bedauerliche Entgleisungen persönlicher und persönlichster Art, ruhig und sachlich besprochen werden können, macht die Diskussion dieses ansprechenden Themas um so spannender.

Tobler war ein vielseitiger Mensch im Verkehr mit seiner Umwelt und erwarb oder entwickelte dazu eine vielfältige wissenschaftliche Persönlichkeit; aber trotz seiner enormen Erudition kann man ihn schwerlich als einen Vollromanisten ansehen. Als Literaturforscher interessierte er sich im Grunde für etwa zwei Jahrhunderte des altfranzösischen Schrifttums, unter Ausschluß des Mittelfranzösischen, von späteren Epochen gar nicht zu reden. Seine Ansprüche als Provenzalist waren viel bescheidener als die von Carl Appel oder Oscar Schultz-Gora. Von der italienischen Literatur zog ihn vor allem das Dreigestirn Dante, Boccaccio und Petrarca an (Ugo Foscolo figuriert in einem Aufsatz nur im Zusammenhang mit der Stadt Zürich) — und nur selten ein mittelalterlicher Text, der eigentlich erst vom Altfranzösischen her an Bedeutung gewinnt; hinzukommen einige altnorditalienische Texte, aus kürzlich von der Preußischen Staatsbibliothek erworbenen Handschriften. Irgendwelche nennenswerte Arbeiten aus Toblers Feder über das Altspanische, Altportugiesische oder Altkatalanische sind mir unbekannt, obwohl Mussafia, Diez und Suchier — um nur drei statt einem Dutzend Namen zu nennen — diese Literaturen damals geflissentlich pflegten, und zwar unter Betonung der Quellenforschung und Textkritik, wie es damals eben die Regel war. Das Ostromanische, namentlich das Rumänische, blieb für Tobler zeitlebens ein Buch mit sieben Siegeln. Obwohl er Schweizer war, verraten seine Schriften keine besondere Begeisterung für die Heimatforschung, weder für das Frankoprovenzalische noch für das Bündnerische. Der systematischen Untersuchung der mittellateinischen Literatur blieb er ebenso fern wie der Erforschung des inschriftlichen oder notariellen Vulgärlateins. Die Kerndisziplinen, die seine Zeit wirklich in Anspruch nahmen, waren also Metrik, Lexikographie (unter gelegentlichem Einschluß — ganz am Rande — der Etymologie) und, vor allem, eine auf das Französische zugeschnittene Syntax durchaus persönlichen Stils; dazu die schon erwähnten Ansätze zur literarischen Forschung und eine kleine Dosis folkloristischer Wißbegierde, die z. B. in die mustergültige Ausgabe (1895) der *Li proverbe au vilain* (oder, wie Lommatzsch sie später verdeutschte, *Die Sprichwörter des gemeinen Mannes*) ausmündete. Ein Theoretiker großen Formats war Tobler nie, wohl aber ein mustergültiger Praktiker; die Methodik — eine Art angewandte Theorie, die dem bezeichnenden Wort *technique* im englischen Sprachgebrauch nahesteht — fesselte ihn schon mehr, und so gelang es auch Gröber Mitte der achtziger Jahre, ihn für die Abfassung eines vorzüglichen Kapitels („Methodik der philologischen Forschung") für die erste Auflage des ersten Bandes seines *Grundrisses* zu gewinnen. Die Metrik fesselte Tobler immer; um ihrer willen befaßte er sich, ausnahmsweise, mit dem französischen Versbau nicht nur der alten, sondern auch der neuen Zeit, und widmete diesem Thema sein wohl erfolgreichstes Buch, das im Jahre 1880 in der ersten, 1910 in der fünften und 1921 in der sechsten postumen Auflage vorlag; mit rührender Bescheidenheit und unter Betonung seiner uns schon vertrauten Einstellung zur pädagogischen Verpflichtung fügte er den Untertitel bei: *Zusammenstellung der Anfangsgründe.* Hier entdeckt man auch eine gewisse Affinität zu dem Interessenkreis seines älteren Bruders, des bekannten Germanisten Ludwig Tobler (1827 - 1895), der zeitlebens in Zürich oder Bern unterrichtete und sich insbesondere um die Herausgabe schweizerischer Volkslieder bemühte (2 Bände, 1882 - 1884). Obwohl Adolf Tobler, dank seiner menschlichen und geistigen Vielseitigkeit, diese selbstauferlegte thematische Begrenzung seiner Arbeiten zu sprengen wußte — namentlich in seinen meisterhaften Kurzbesprechungen im *Archiv* und auch in vielen unveröffentlicht gebliebenen Vorträgen, die er jahrzehntelang aus Anlaß der monatlichen Versammlungen des hiesigen neuphilologischen Vereins hielt —, so verlegte sich der Schwerpunkt der allgemeinen sprachwissenschaftlichen Interessen nach 1880 gerade auf die Gebiete, die er stark vernachlässigt hatte, nämlich die historische Lautlehre und den systematischen Sprachvergleich, unter Heranziehung der kulturell weniger prominenten und vom Schulbetrieb — mit einigem Recht — vernachlässigten Sprachen und Literaturen. Gröber und Meyer-Lübke zogen daraus die notwendigen Folgerungen; Tobler war damals nicht mehr jung und elastisch genug, um sich ihnen anzuschließen.

Was nun Tobler noch zu Lebzeiten wirklich weltberühmt machte, waren — trotz des durchschlagenden Erfolges seiner Verslehre und seiner äußerst gewissenhaften kritischen Ausgabe zweier altfranzösischer Texte — jene kürzeren Beiträge zur französischen Grammatik, die ursprünglich als Aufsätze in führenden Fachzeitschriften veröffentlicht wurden, dann aber in Sammelbänden („Reihen" genannt) unter dem jedermann wohlbekannten Titel *Vermischte Beiträge* im Buchhandel erschienen. Vier dieser Sammelbände besorgte Tobler noch selbst, und zwar fällt die Veröffentlichung des ersten in das Jahr 1886, während der vierte zwei Jahre vor dem Tode des Verfassers erschien; eine letzte, abschließende Reihe wurde von Toblers Sohn

Rudolf mit Hilfe vieler Freunde (darunter Pio Rajna, Meyer-Lübke, Ebeling, Lommatzsch und Morf) besorgt und erschien noch im Jahre 1912, glücklicherweise vor dem Ausbruch des Krieges. Dieser letzte Band enthält allerlei Wertvolles und Wissenswertes, darunter das definitive Verzeichnis der Veröffentlichungen Toblers sowie einige etymologische Skizzen, auch sechs literarhistorische Arbeiten (die, mit einer Ausnahme, in die sechziger und siebziger Jahre fallen), ebenfalls den von Tobler herausgegebenen sowie kurz und sachlich kommentierten Briefwechsel zwischen Diez und Gaston Paris aus derselben Zeit. Da also dieser Band, bis auf die ersten dreißig Seiten, eine Art buntscheckigen Nachtrags zum Vorangehenden darstellt und den eigenen Geschmack des Verfassers nur ungenau widerspiegelt, wird man von ihm so ziemlich absehen dürfen, wenn man sich fragt, was denn ein typischer Beitrag zur französischen Grammatik aus Toblers Feder in seiner Unnachahmlichkeit eigentlich darstellt.

Thematisch und perspektivisch betrachtet, handelt es sich hier um syntaktische Analysen, mit weitgehender Einbeziehung der lexikalischen Betrachtung der jeweiligen Funktionswörter, mit voller Berücksichtigung gewisser morphologischer Bedingungen und Facetten, besonders aber mit großem Nachdruck auf allerlei Phraseologisches. Mit anderen Worten: ausgenommen sind die Lautlehre in allen ihren Schattierungen; die Formenlehre, soweit sie die Syntax nicht tangiert; die Stilistik, insofern literarische Stile damit gemeint sind; die Semantik des einzelnen Wortes und des jeweiligen Wortbezirkes, es sei denn, daß sie sich mit der Syntax kreuzt; sowie allerlei Mundartliches. Andere, besonders verwandte Sprachen werden gelegentlich und zögernd herangezogen, wenn es gilt, durch solche Anspielungen die Eigenart einer Erscheinung des Französischen zu klären oder schärfer zu umreißen. Besonders auffallend und vielleicht etwas enttäuschend vom heutigen Standpunkt aus ist die Tatsache, daß Tobler die Grundzüge der Syntax als allgemein bekannt und scheinbar unerschütterlich voraussetzt, um seine und des Lesers Aufmerksamkeit auf allerlei Merkwürdiges, auf scheinbare Ausnahmen und Übertreibungen zu konzentrieren. Manchmal ergibt sich daraus der Eindruck, daß er sich liebevoll mit Kuriositäten, Randerscheinungen, Mißbildungen beschäftigt, bei gleichzeitigem Verzicht auf eine gründliche Inangriffnahme einer Kritik des Prinzipiellen, z. B. der Struktur eines Satzes. Zwar trieb Tobler seine Voreingenommenheit für das Sonderbare und Außergewöhnliche nie so weit wie der Österreicher Leo Spitzer im zwanzigsten Jahrhundert; zwar machte Tobler nie den Eindruck, daß er beabsichtigte, Feuilletons zu schreiben, hauptsächlich, um seine Leser zu unterhalten oder gar zu belustigen; zwar beschäftigte er sich leidenschaftlich mit Sonderheiten des Sprachgebrauchs alter und neuer Zeit, nicht mit Seltsamkeiten der menschlichen Natur oder mit Auswüchsen des sozialen Milieus, die einen Niederschlag in der Sprache gefunden hatten. Dennoch finde ich es verlockend, so paradox dies auch klingen mag, in ihm einen meisterhaften *Etymologen der Syntax* zu sehen, eine Eigentümlichkeit, die ihn von den anderen Syntaktikern älterer Prägung (etwa einem Jakob Wackernagel) und erst recht von den neueren Analytikern der Syntax grundsätzlich unterscheidet. Die Kluft ist unüberbrückbar.

Beispiele von Toblers Eigenart, welche die hier vorgeschlagene Charakterisierung des „syntaktischen Etymologisierens" bekräftigen, lassen sich zu Dutzenden anführen; denn seine Vorliebe für dieses philologische Genre, das ihm irgendwie besonders lag, umspannte vier Jahrzehnte fieberhafter Arbeit. Verlegerisch gesehen war dieser Betätigung auch kein geringer Erfolg beschieden, denn von den meisten „Reihen" erschien nach einigen Jahren eine zweite oder gar eine dritte Ausgabe, was allerdings die Klarheit der chronologischen Schichtung manchmal zu verwischen droht. Außerdem kam in Paris eine Art Probeband auf die Welt, unter einem unverkennbaren Titel: *Mélanges de grammaire française* (1905), als Frucht einer Revision der von Max Kuttner besorgten Übersetzung einiger kleiner Meisterstücke seitens Leopold Sudres, den man ja auch als Freund Arsène Darmesteters und geschickten Herausgeber vieler Schriften des Frühverstorbenen auf das vorteilhafteste kennt.

Um auf den deutschen Text noch ganz kurz zurückzukommen, so findet man hier die ursprünglich in Zeitschriften, Festschriften und Akademiesitzungsberichten verstreuten Arbeiten nicht einfach wiederabgedruckt, sondern oft wesentlich erweitert. Das trifft insbesondere auf einen der längsten und sicherlich den spannendsten Beitrag zu, nämlich den Aufsatz „Verblümter Ausdruck und Wortspiel", der gegenüber der ursprünglichen Fassung in den Sitzungsberichten (1882) bei der Herstellung der zweiten Reihe (1894) fast auf das Doppelte anwuchs und dann noch aus Anlaß der zweiten Auflage des Buchs (1906) erneut erweitert wurde. Die Bände verdanken sehr viel nicht nur Toblers eigener Vorliebe für ständiges kritisches Teilen an dem ursprünglichen Text, sondern auch der großzügigen Hilfeleistung seines ehemaligen Schülers und späteren Freundes, des Bibliothekars und auch als unabhängiger Forscher auf altfranzösischem Gebiete tätigen Alfred Schulze, der durch seine mustergültigen „alphabetischen Verzeichnisse der zur Sprache gebrachten Gegenstände" — eine glückliche Mischung von *Indices rerum, nominum* und *verborum* — einen glänzenden Beweis dafür erbrachte, daß Tobler auch als Grammatiker im Grunde ein Lexikologe blieb und, umgekehrt, auf seinen lexikalischen Streifzügen sich meistens auf Wörter und Wortgeschichten beschränkte, die eine grammatische Dimension aufwiesen. Daß Tobler fähig war, unter günstigen Umständen die Grenzen des Französischen und sogar des Romanischen zu überschreiten, zeigt sein langer Aufsatz „Adjektiv in Substantivfunktion", der, wie zu erwarten, eine erweiterte Fassung eines auf der Philologenversammlung in Wien 1893 (wahrscheinlich in Gegenwart Adolfo Mussafias und W. Meyer-Lübkes) gehaltenen Vortrags darstellt und sich ausführlich mit dem spanischen Typus *lo bueno,* aber auch mit lateinischen, griechischen und deutschen Parallelen beschäftigt. Im allgemeinen wich aber Tobler einer solchen Weitspurigkeit aus; auch wenn ein Aufsatz von ihm sich etwa „Asyndetische Paarung von Gegensätzen" betitelte, gab er sich meistens mit einer geistreichen, gewissenhaften Belegung des Phänomens aus altfranzösischen Quellen zufrieden.

Von den Nachrufen auf Tobler möchte ich ganz besonders den glänzend geschriebenen nekrologischen Essay seines Landsmanns Meyer-Lübke noch einmal hervorheben, der schon im Jahre 1910 in der damals neugegründeten, zunächst recht einflußreichen *Germanisch-romanischen Monatsschrift* erschien (II, 369 - 374). In diesem Aufsatz würdigt Meyer-Lübke nicht nur die allgemein bekannten Schriften des verstorbenen Freundes und vormaligen Lehrers, sondern versucht mit bestem Erfolg, sein *Œuvre* als Ganzes scharf zu charakterisieren, indem er Toblers ganzes Wesen letzten Endes in der reinen, von den Texten ausgehenden Philologie verwurzelt sieht, was ihn einerseits von den Bibliographen, andererseits von den sich der abstrakteren Sprachvergleichung verschriebenen Forschern (zu denen sich der Verfasser des Nachrufs wohl selbst zählt) abhebt. Auch Hinweise auf Toblers Familie fehlen nicht: man erfährt allerlei Wissenswertes über seinen Vater, einen literarisch tätigen Pfarrer; über seinen jüngeren Bruder Wilhelm, der sich in Mußestunden der Anthroponymie widmete; über seine Frau, die er nur kurz überlebte; über seinen Sohn Rudolf, der sich gerade anschickte, die ersten Schritte zur Ausbildung als Romanist zu machen. Sehr lesenswert ist Meyer-Lübkes ausführlicher Bericht über die Umstände, die Tobler nach und nach zwangen, seine Beschäftigung mit dem Italienischen (das er noch als junger Sprachlehrer in Solothurn ebenso gepflegt hatte wie das Französische) zugunsten des Französischen als obligatorischer Schulsprache in Preußen fast gänzlich aufzugeben. Was Meyer-Lübke über Toblers Sachlichkeit als Forscher und relative Zurückgezogenheit, sogar Strenge als Lehrer berichtete — trotz der menschlichen Wärme, die seine wirklichen Freunde immer wieder an ihm entdeckten —, rundet das meisterhaft gemalte Wortporträt auf das glücklichste ab. Meyer-Lübke gesteht von Anfang an, daß erst die Zukunft Toblers Tätigkeit und Verdienste in das rechte Licht rücken kann; aber nachdem ein Vierteljahrhundert seit seinem Tode verstrichen war, also um das Jahr 1935, hatten die Berliner Romanisten leider ganz andere Sorgen, als Toblers Bemühungen in einer neuen Perspektive zu sehen. — Paul Meyers Nachruf in der *Romania* war sachlich, freundlich, aber wortkarg; man kann sich lebhaft vorstellen, wie ganz anders Gaston Paris reagiert hätte, wäre er damals am Leben gewesen! Elise Richter tat das ihrige in der *Deutschen Literaturzeitung*, aber natürlich konnte sie Tobler nicht so lebendig darstellen, wie es ihr mit Mussafia, Meyer-Lübke und Schuchardt vor einem österreichischen Hintergrund vollendet gelang. Lommatzsch schließlich, in seiner doppelten Rolle eines geistigen Nachfolgers und eines Testamentvollstreckers, veröffentlichte erst im Jahre 1965 eine kleine sachkundig orientierte Studie, die er allein fähig war zu verfassen: „Adolf Tobler und sein *Altfranzösisches Wörterbuch*".

II

Was Lommatzsch für Tobler war, das war Ernst Robert Curtius für Gröber: der letzte Schüler des alternden Professors, der sehr gerne als der treueste und beste Schüler, als ein Paladin, kurzum, als der Nachfolger oder Dauphin gelten wollte, was in beiden Fällen dem jeweiligen Anwärter meines Erachtens nur zum Teil gelungen ist. Curtius hat zwar kein Werk seines Lehrers zu Ende geführt, wurde auch keineswegs zum unmittelbaren Nachfolger auf dem Lehrstuhl oder im Redaktionszimmer, verfaßte jedoch aus Anlaß des vierzigsten Todesjahrs seines Lehrmeisters, also im Jahre 1951, einen sachlich fest untermauerten Essay, der an Bedeutung und Resonanz noch gewann, nachdem er neunzehn Jahre später in des Verfassers wichtigen, elegant gedruckten Band *Gesammelte Aufsätze zur romanischen Philologie*, und zwar als ein Kronjuwel ganz am Ende, aufgenommen wurde. Curtius, der nicht gerade an einem Übermaß an Bescheidenheit litt, erklärte gleich zu Anfang, daß ihn alle seinem Lehrer gewidmeten Nekrologe tief enttäuscht hätten; damit spielte er, vermute ich, besonders auf den Nachruf Ernst Hoepffners an, eines Gröber-Schülers, der — wie Curtius — Elsässer war und, in Anerkennung seines höheren Alters und seiner dementsprechend höheren Stellung, gewisse Verantwortungen, darunter die Schriftleitung der *Zeitschrift*, im Todesjahr Gröbers, nämlich 1911, übernahm. Wie dem auch sei, der stilistisch feingeschliffene Aufsatz aus der Feder von Curtius, dessen Vorzüge ich gern anerkenne, ist durchaus nicht lückenlos. Obwohl er sich der Hilfe vieler Zeitgenossen, darunter einer Tochter Gröbers, erfreute, und so einige unbekannte Tatsachen ans Licht bringen konnte (darunter den Bericht, daß sein Lehrer kurz vor dem Tode seine gesamte Gelehrtenkorrespondenz verbrannt hatte), hinderte Curtius' bekannte und bedauerliche Abneigung gegen Amerika ihn daran, etwaige Erkundigungen einzuholen, wo sich Gröbers reiche Privatbibliothek denn befände. Diese Lücke läßt sich leicht füllen: noch im Jahre 1911 wurde die Sammlung — an die 4 000 Bände — für eine Pauschalsumme an die University of Illinois verkauft, wo übrigens, auf die Bitte des Rektors hin, der damals noch sehr junge Romanist David S. Blondheim ein sorgfältiges Inventar (welches glücklicherweise erhalten ist) fachmännisch zusammenstellte. Mit Hilfe dieses Inventars ließe sich auch heute noch leicht feststellen, welche Bücher der genannten staatlichen Universitätsbibliothek aus dem Besitz Gröbers stammen und ob sich irgendwelche Vermerke oder sonstige Zeugnisse seiner aufmerksamen, kritischen Lektüre entdecken lassen — eine dankbare Aufgabe für einen aufstrebenden Romanisten, für die sich übrigens ein Deutscher vielleicht besser eignen würde als ein Amerikaner. *Sapienti sat.*

Aber dieses Versäumnis ist eigentlich nur eine Kleinigkeit im Vergleich zu Curtius' wirklich unverzeihlicher *gaffe:* er hat, sehr kapriziös, seinen Lehrer so porträtiert, als ob dieser all sein Lebtag ein reiner Literaturforscher gewesen wäre. Davon aber kann in Wirklichkeit keine Rede sein. Als unabhängiger Wissenschaftler, namentlich in den achtziger Jahren (also ziemlich genau vor einem Jahrhundert), dann aber als glänzender Gründer und Herausgeber der *Zeitschrift für romanische Philologie,* endlich als der energische und weitsichtige Architekt der beiden Ausgaben des *Grundrisses der romanischen Philologie* hat Gröber immer wieder die kardinale Bedeutung der historischen Sprachwissenschaft für die weitgreifende Romanistik erkannt und betont. Man kann nicht solch einen Eckstein einfach wegwerfen, ohne das ganze Gebäude auf das schwerste zu erschüttern. Was man über Curtius' private Wertskala auch immer denken mag: Gröber war also, gewiß unter anderem, ein großer Wegbereiter der romanischen Sprachwissenschaft, der nur nach 1890 etwas zurücktrat, weil er eben in dem jüngeren und ganz anders vorgebildeten Meyer-Lübke großzügigst und weitsichtigst ein stärkeres, wenn auch einseitigeres Talent erkannte.

In der ihm gemäßen fesselnden Art erzählt Curtius z. B., wie Gröber, in einer einfachen Leipziger Druckerfamilie geboren und in bescheidenen Verhältnissen erzogen, sich später durch eigene Anstrengung an der Oberstufe eines dortigen humanistischen Gymnasiums durchsetzte und schließlich sein Studium, insbesondere der Philosophie, an der Universität Leipzig begann, und zwar im Jahre 1865. Wir erfahren weiter, daß seine große Verehrung und Zuneigung dem kürzlich ernannten Ordinarius für romanische Literaturgeschichte Adolf Ebert galt, der die Kunst der weitmaschigen Synthese beherrschte (man denke unter anderem an seine dreibändige *Geschichte der Literatur des Abendlandes im Mittelalter*) und außer durch die Begründung (1859) einer allerdings nur für kurze Zeit einflußreichen Zeitschrift, nämlich des *Jahrbuchs für romanische und englische Sprache und Literatur*, dafür Anerkennung verdient, daß er Gröber in dessen späterer Straßburger Zeit als eine Art Vorbild vorschwebte. Auch über andere Leipziger Professoren jener Zeit weiß Curtius allerlei Interessantes und sogar Unterhaltsames zu berichten. Das Wichtigste aber verschweigt er, nämlich die Tatsache, daß gerade Ende der sechziger Jahre, als Gröber seine Dissertation über *Die handschriftlichen Gestaltungen der „chanson de geste" Fierabras und ihre Vorstufen* zum Abschluß brachte, Leipzig sich nach dem Tode des Jenaer Sprachgelehrten August Schleicher anschickte, binnen weniger Jahre zum Weltmittelpunkt für vergleichende Sprachwissenschaft zu werden, und speziell überall den Eindruck einer Zitadelle der Junggrammatiker erweckte. Auch wenn es den jungen Gröber zur Indogermanistik nicht gerade zog, auch nicht zur Slawistik, die ja dort, und etwas früher im benachbarten Jena, vom dynamischen August Leskien vertreten war, so konnte ein so empfindsamer und begeisterter junger Beobachter sich sicher nicht völlig dem Ansturm der neuen Gedankengänge, dem Zauber der neuen Formeln entziehen. Wenn Gröber in den siebziger und achtziger Jahren sein großes Verständnis für eine zeitgemäße Sprachwissenschaft bekundete (z. B., als er im Jahre 1877 die *Zeitschrift* gründete oder als zwischen 1886 und 1888 der erste Band des ursprünglichen *Grundrisses* vom Stapel lief), dann müssen eben schon zur Zeit seines Aufenthalts in Leipzig, und zwar als Studierender, die Samen auf fruchtbaren Boden gefallen sein.

Der erste Band der *Zeitschrift für romanische Philologie* wurde bekanntlich einer strengen Leserschaft im Jahre 1877 unterbreitet, als Gröber noch außerordentlicher Professor in Breslau war, und, was den mitverantwortlichen Verleger betrifft, gerade, als in Halle die alte Lippertsche Buchhandlung von Max Niemeyer übernommen wurde. Es lohnt sich, diesen ersten Band unter die Lupe zu nehmen, wobei ich gestehen muß, daß ich noch kein etwaiges Modell auf einem benachbarten Gebiet — etwa der Germanistik — entdeckt habe (oder große Bemühungen gemacht habe, es zu entdecken). Die zahlenmäßige

Vorherrschaft der literarischen und philologischen Probleme fällt sofort auf, wenn man sich auf das Inhaltsverzeichnis verläßt. Von den längeren Aufsätzen sind drei rein literarisch, zwei streng sprachwissenschaftlich, und einer (nämlich A. Stimmings Arbeit über „Die Syntax des Commines") nimmt eine Art Mittelstellung ein. Dann folgt die Rubrik der „Texte", von nun an eine Eigentümlichkeit der neugegründeten *Zeitschrift*, mit Beiträgen — unter anderem — von Bartsch, Foerster, Paz y Melia und Scheler; natürlich muß die Summe dieser Arbeiten in die Wagschale der literarischen Studien gelegt werden. Auf die „Texte" folgen, wie in späteren Jahrgängen, die Miszellen; ihre Unterabteilung in sieben Gruppen ist, von unserem Standpunkt, etwas merkwürdig. Um mich an Gröbers eigene Formel zu halten, kann ich die folgende Klassifizierung vornehmen: (a) Zur Kulturgeschichte; (b) Zur Literaturgeschichte; (c) Zur Handschriften- und Bücherkunde; (d) Handschriftliches; (e) Textkritisches; (f) Grammatisches; (g) Etymologisches. Es scheinen also auf den ersten Blick die literarischen Themen wieder stark vorzuwiegen. Erst dann kommen die längeren Rezensionen, die kürzeren Anzeigen (die im ersten Heft noch fehlen), die Berichtigungen, die Aufrufe und sonstige Mitteilungen. Beachten Sie aber, wie Gröber sich mit Takt und Klugheit bemüht, dieses rein zahlenmäßige Übergewicht des Literarisch-Philologischen über das Linguistische auszugleichen. Der allererste Beitrag, der sich auf 25 Seiten erstreckt, ist, wie ich schon angedeutet habe, von Tobler, und ist überschrieben: „Vermischte Beiträge zur Grammatik des Französischen". Sein Gegenstück, gegen Ende des Bandes, ist U. A. Canello „Il vocalismo tonico italiano". Beachten Sie die dreifache Polarisierung: Der Syntax und Lexikologie wird die reine Lautlehre gegenübergestellt; einem französischen Gegenstand der wissenschaftlichen Bemühungen steht ein italienischer gegenüber; und das Deutsche als Instrument der Darlegung findet ein ebenbürtiges Gegenstück im Italienischen, womit sich Gröber eben als Weltbürger ausweist.

Nicht minder lobenswert ist die Anordnung der Rezensionen. Die erste Besprechung, die die *Zeitschrift* je veröffentlicht hat, stammt (und einen berufeneren Kritiker hätte man damals kaum finden können, vielleicht mit Ausnahme Ascolis) von Hugo Schuchardt, und sie gilt einer nur sechzig Seiten langen Monographie des heute vergessenen klassischen Philologen L. Stünkel über die Nominalflexion und Anwendung der Kasus in der *Lex Romana Utinensis* (oder *Curiensis*). Schuchardts Ausführungen erstrecken sich auf über 15 Seiten, in Petitdruck gesetzt. Damit beginnt die *Zeitschrift*, Anspruch zu erheben auf das Privileg, Besprechungen zu veröffentlichen, die an Gewicht die jeweilig besprochenen Bände übertreffen — eine schöne Tradition, die gelegentlich auch in der Neuen Welt einen Widerhall gefunden hat. Aber auch damit erschöpft sich nicht Gröbers löbliche Bemühung, der romanischen Sprachwissenschaft zum Durchbruch zu verhelfen. Man kann sich nämlich fragen, was er denn selbst zum ersten Band beigesteuert hat. Weiß man um seine Bescheidenheit, so nimmt es einen nicht wunder zu entdecken, daß sein persönlicher Beitrag eine kurze Miszelle ist, die sich auf weniger als drei Seiten beläuft, in einem Band von fast 600 Seiten. Und welches Thema entschloß sich der zurückhaltende Gröber nun selbst anzupacken? So erstaunlich das klingen mag, es war nicht — wie es Ernst Robert Curtius gern gesehen hätte — eine Frage der mittellateinischen Literatur, sondern die Formen des bestimmten Artikels im Altitalienischen (S. 108 - 110)!

Wie ernst Gustav Gröber seine Verpflichtungen gegenüber der damals noch recht jungen Sprachwissenschaft nahm — und zwar nicht nur als verantwortlicher Schriftleiter einer tonangebenden Fachzeitschrift, sondern gerade als aktiver, praktizierender, engagierter Forscher —, erhellt aus der bemerkenswerten Rolle, die er bei der Gründung einer anderen — kurzlebigen aber einflußreichen — Zeitschrift gespielt hat, die von Anfang an streng sprachwissenschaftlich, und zwar lexikographisch, eingestellt war. Ich spiele hier auf Eduard Wölfflins *Archiv* an, oder, um den vollen, etwas ungelenken Titel dieser Vorkriegszeitschrift anzuführen, auf das *Archiv für lateinische Lexikographie und Grammatik mit Einschluß des älteren Mittellateins als Vorarbeit zum „Thesaurus Linguae Latinae"*. Wölfflin, ein Basler von Geburt, lehrte seit 1880 klassische Philologie an der Universität München, bis er im Jahre 1905 in den Ruhestand trat; seiner Energie ist es, so vermute ich, zu verdanken, daß die Bayerische Akademie der Wissenschaften das Projekt des *Thesaurus* unter ihren Schutz nahm und, um die schlimmste Lücke, nämlich das Latein der

Spätantike und des frühen Mittelalters, auszufüllen, eben das *Archiv* als eine Art Sammelpunkt für Forscher der erwünschten Richtung gründete. Natürlich brauchte Wölfflin einen fachkundigen und unternehmungslustigen Romanisten für seine kühnen Pläne, vorzugsweise einen jüngeren Mitarbeiter kräftiger Natur und biegsamen Intellekts. Seine Wahl fiel auf den etwa fünfzehn Jahre jüngeren Gröber, der also damals auf seine weitsichtigsten Zeitgenossen den Eindruck eines vielversprechenden, intellektuell ehrgeizigen, philologisch orientierten Sprachwissenschaftlers gemacht haben muß. Jedenfalls enthält gleich der erste Band des *Archivs*, noch im Jahre 1884 erschienen, unmittelbar nach den einleitenden Worten des Herausgebers und dem prinzipiell wichtigen Aufsatz des Göttingers G. Loewe („Aus lateinischen Glossaren", 21 - 34) eine größere Arbeit Gröbers, und zwar nicht über ein romanisches, sondern über ein unverkennbar lateinisches Thema („Sprachquellen und Wortquellen des lateinischen Wörterbuchs", 35 - 64). Außerdem enthält ein anderes Heft desselben Bandes die Anfangsseiten eines alphabetisch geordneten großen Wurfes aus der Feder Gröbers, nämlich seiner berühmten, aber heute wenig gelesenen Ausführungen über „Vulgärlateinische Substrate romanischer Wörter". Diese Arbeit, deren Abdruck sich bis zum sechsten Band (aus dem Jahre 1889) hinzog und die sich, wenn man den Nachtrag mit einbezieht, auf erheblich mehr als zweihundert Druckseiten beläuft, wird aus verschiedenen Gründen — hüben und drüben — vernachlässigt. Zunächst wundert man sich, warum der Verfasser, bei seinen vorzüglichen Beziehungen zu allerlei Buchverlagen des In- und Auslands, es unterlassen hat, die vielen verstreuten Bruchstücke schließlich zu einem Buche zusammenzuschweißen. Dann ärgert man sich als Neusprachler, daß man die Materialien vielleicht nur in der Präsenzbibliothek eines klassischen Seminars zu finden hoffen darf. Endlich fehlt es uns nicht an einer schönen Entschuldigung für unsere angeborene Faulheit: hat nicht der gute Meyer-Lübke alles wirklich Wertvolle schon um das Jahr 1910 herum für die ursprüngliche Auflage seines gerade damals im Entstehen befindlichen etymologischen Wörterbuchs exzerpiert?

Keiner dieser drei Gründe ist wirklich stichhaltig. Gröbers „Substrate" sind durchaus lesenswert, zumindest in kleineren Dosen oder Proben; sie stellen den Mittelpunkt dar auf einer geraden Linie, die von Diezens Wörterbuch (von Auguste Scheler leicht retuschiert) in steilem Anstieg zu Meyer-Lübkes *REW* führt. Ich habe mich kürzlich anderswo mit den Details der Gröberschen Beweisführung und Materialiensammlung beschäftigt und möchte jeder Gefahr der müßigen Wiederholung aus dem Wege gehen. Durch zielbewußte Auslassung aller Wörter exotischer Herkunft, wie etwa der Arabismen des Spanischen und Portugiesischen und der Slawismen des Rumänischen, steckte Gröber in kluger Selbstbeschränkung ein etwas kleineres Feld ab, auf dem eine dramatisch zugespitzte Konfrontation zwischen belegtem klassischen Latein und z. T. rekonstruiertem Vulgärlatein einerseits und den sogenannten Tochtersprachen andererseits wirklich von einem einzigen Forscher, unter persönlicher Kontrolle aller direkten und indirekten Quellen, noch bewerkstelligt werden konnte. Soweit die Markierung des Feldes. Mit Rücksicht auf Details ist zu vermerken, daß Gröber eigentlich nur eine einzige Kategorie von Operationen grundsätzlich mißlang, nämlich die richtige Beurteilung der Wanderwörter. Fand er ein Wort, z. B. im Spanischen, und ein ganz ähnliches etwa im Italienischen, so buchte er beide als parallele Reflexe der vermutlichen lateinischen Grundform, ohne sich erst zu fragen, ob das spanische Wort sich nicht etwa durch die Vermittlung des Italienischen herauskristallisierte oder umgekehrt. Die wahre Tragweite dieser ständig zu beachtenden Querverbindungen wurde erst nach 1890 richtig eingeschätzt, und die darauf bezügliche Arbeit ist auch heute bei weitem nicht abgeschlossen.

Bedenkt man, daß Gröber — in viel höherem Maß als etwa Tobler — von Hause aus, d. h. von seinen Studentenjahren her, ein Literaturwissenschaftler mit philosophischem Anstrich war, dann muß man seine Leistung, wenigstens auf lexikographischem Gebiet, als durchaus bewundernswert bezeichnen. Ich vermute aber, daß ihn seine schon oft erwähnte Bescheidenheit letzten Endes zwang, einzusehen, daß Sprachanalyse großen Stils, über kleine Wortbiographien hinaus, für ihn doch nicht das Richtige war; daß es an jüngeren und besser vorgebildeten Kräften eben nicht mangelte — in diesem Zusammenhang drängt sich von selbst der Name des damals noch sehr jungen Wilhelm Meyer auf (wie sich der schweizerische Gelehrte noch in seinen Züricher, Pariser, Berliner und Jenaer Jahren nannte).

Übrig geblieben ist uns noch ein dritter Maßstab, mit dessen Hilfe man den Grad der Hingabe Gröbers an die historische Sprachwissenschaft leicht bestimmen kann: damit meine ich den *Grundriss der romanischen Philologie,* der ja seinen Namen trägt. Übrigens führten der Karl J. Trübner Verlag in Straßburg und etwas später auch der Teubner Verlag in Leipzig mehrere kostspielige realenzyklopädische Unternehmen dieser Art durch — aber Gröbers *Grundriss* war chronologisch der erste seiner Art und lieferte somit ein brauchbares Modell. Daß dem so war, bestätigte übrigens kein anderer als Hermann Paul im Vorwort zu seinem nicht minder bedeutenden Gegenstück, nämlich dem — ebenfalls bei Trübner erschienenen — *Grundriss der germanischen Philologie.* Wir werden uns speziell mit der ersten Auflage dieser beiden meisterhaften Synthesen beschäftigen, und zwar in beiden Fällen hauptsächlich mit dem ersten Band; Gröbers Modell lag im Jahre 1888 vor; ja, die ersten Faszikel gingen an die Abonnenten schon 1886 ab, und aus dem Vorwort erfahren wir, daß die Anfänge des Projekts sogar auf das Jahr 1883 zurückreichen. Hermann Pauls *Grundriss* erblickte das Licht der Welt erst im Jahre 1891 — soweit es sich, ich wiederhole, um den ersten Band handelt. Dieser spätere germanistische Band ist um fast 300 Seiten länger als sein romanistisches Gegenstück und behandelt, außer der eigentlichen Sprachgeschichte (welche allerdings den Kern des Ganzen darstellt), auch die Geschichte der Disziplin und die Methodenlehre, beides von Hermann Paul selbst besorgt, eine kurze Schriftkunde (mit einem Beitrag von Eduard Sievers über die Runen und Runenschriften) sowie im letzten Abschnitt die Mythologie, von E. Mogk dargelegt. Der bahnbrechende romanistische Band war ähnlich aufgebaut, aber es fehlte ihm an einem mythologischen oder auch nur folkloristischen Abschnitt, wodurch der Band an Homogenität eigentlich nur gewann — er war eben fast ausschließlich auf Sprachgeschichte eingestellt. Gröbers persönlicher Anteil am ersten Band, d. h. seine Quote an Druckseiten, war proportional etwas höher als derjenige Pauls, da er sich nicht nur über die Geschichte, Aufgabe und Gliederung der romanischen Philologie im ersten, einleitenden Teil ausließ, sondern im zweiten Teil („Anleitung zur philologischen Forschung") die Verantwortung für „Die mündlichen Quellen" und, was mir besonders symptomatisch erscheint, auch für die „Methoden und Aufgaben der sprachwissenschaftlichen Forschung" (S. 209 - 250) übernahm und sodann im dritten darstellenden Teil sogar in die Diskussion der „Einteilung und äußeren Geschichte" der romanischen Sprachen eingriff (S. 415 - 437). Auch die beigelegte Karte („Ausbreitung der romanischen Sprachen in Europa") stammte von Gröber persönlich. Aber selbst diese Tatsachen, so überzeugend sie auch wirken mögen, erschöpfen nicht das Thema. Denn während es von dem (allerdings sehr langen und ausführlichen) zweiten Band des Gröberschen Grundrisses („Literaturgeschichte") nur eine einzige Ausgabe gibt, die mit der Jahrhundertwende zusammenfällt, bemühte sich Gröber zu Anfang des zwanzigsten Jahrhunderts, der Nachwelt eine sehr geschickt erweiterte zweite Auflage des ersten, sprachwissenschaftlich orientierten Bandes (und zwar in den Jahren 1904 - 06) zu hinterlassen. In beiden Auflagen des Bandes traf sich, wie Sie sich erinnern dürften, vielleicht zum ersten- — und mutmaßlich zum letztenmal — das Dreigestirn, das unseren heutigen Weg beleuchtet: während der Herausgeber, als geschickter Lotse, den alternden Tobler zu überreden wußte, sich mit der „Methodik der philologischen Forschung" auf knapp 30 Seiten auseinanderzusetzen, wurde der damals noch blutjunge Meyer für den Gedanken gewonnen, seinen etwa ebenso langen Ausführungen über „Die lateinische Sprache in den romanischen Ländern" auch eine Untersuchung über „Die italienische Sprache", in enger Zusammenarbeit mit D'Ovidio, zur Seite zu stellen. Und noch ein anderes: während Paul, mit einer einzigen Ausnahme (D. Behrens), nur waschechte Germanisten zur Mitarbeit aufforderte, ging Gröber, als überzeugter, begeisterter Weltbürger, weit über den Kreis der eigentlichen Romanistik hinaus: auch Deecke, Gerland, Kluge, Gustav Meyer, Seybold und Windisch sind im Verzeichnis der Mitarbeiter vertreten.

Das Fazit unserer kleinen Teiluntersuchung ist demnach: obwohl Gröber seine Grundausbildung als Literaturforscher erhielt, erweiterte er als junger Gelehrter, und zwar aus freien Stücken, seine Fachkenntnisse allmählich so, daß er auch als glänzender Sprachwissenschaftler (und jedenfalls als begeisterter, aktiver Beobachter der sprachwissenschaftlichen Bühne) eine bedeutende Rolle spielen konnte.

III

Der eigentliche Durchbruch Meyer-Lübkes fällt in die Jahre 1883 bis 1890. Nicht nur der Inhalt dieses Durchbruchs (d. h. der Kern der thematischen und methodischen Neuerungen, die er mit sich brachte), sondern auch dessen blitzartige Form ist bemerkenswert. Da Meyer-Lübke durchaus keine draufgängerische Natur war und sicher nicht darauf erpicht war, sich nötigenfalls brutal durchzusetzen, ist man gezwungen anzunehmen, daß die Wetterbedingungen für seinen Aufstieg eben äußerst günstig waren. Ein nicht einmal sehr langer Aufsatz („Über einige Ausnahmen...") des in Dresden ansässigen dänischen Indogermanisten Karl Verner schuf ein Klima, in dem man von Sprachgeschichtlern, zumal auf dem Gebiet der Lautlehre, Wunder erwartete. Bekanntlich studierte der Schweizer Wilhelm Meyer in Zürich vergleichende Sprachwissenschaft, d. h. Indogermanistik, nicht etwa Romanistik, wie die späteren Schüler Gauchats, einfach aus dem Grunde, daß es damals, um das Jahr 1880 herum, sogar an der größten Universität des Landes unmöglich war, sich auf das Studium der Romanistik mit Betonung der sprachwissenschaftlichen Komponente festzulegen. Und nun wiederholte sich in Zürich die Szene, die sich fünfzehn Jahre zuvor in Bonn abgespielt hatte, als Hugo Schuchardt seine auf lateinisch verfaßte Dissertation, nämlich die Urfassung des Buches über den *Vokalismus des Vulgärlateins*, einreichte; der ursprüngliche Altphilologe Schuchardt und nun der junge Indogermanist Meyer ließen sich, vom Zauber des erforschten Materials gepackt, zur Romanistik bekehren, und zwar hauptsächlich zur Altromanistik.

Meyer-Lübkes Dissertationsschrift ist immer noch lesenwert. Zwar ist sie betitelt: *Die Schicksale des lateinischen Neutrums im Romanischen*, aber in einigen Kapiteln figuriert das Lateinische selbst noch als Mitglied der indogermanischen Familie; daraus ersieht man, daß der Verfasser sich z. B. mit dem Sanskrit beschäftigt hat, wahrscheinlich auch mit dem Altkirchenslavischen; so mag ihm denn die Beherrschung der kyrillischen Schrift zugute gekommen sein, als er sich mit den älteren Denkmalen der rumänischen Literatur abgab.

Meyer-Lübke stand im Jahre 1883, als er, sage und schreibe, 23 Jahre alt war, auf dem Scheidewege. Er hätte damals ohne Schwierigkeit seine kurzfristige Verpflichtung gegenüber der Romanistik als eine Art Verirrung (sagen wir, Jugendliebe) abstreifen können und den Weg zur Altphilologie oder Indogermanistik leicht zurückfinden können; man hätte ihm die kleine Exzentrizität gern verziehen. Aber Wilhelm Meyer entschloß sich nicht zu diesem Schritt; statt dessen begann er, von einer Indogermanisierung der Romanistik zu träumen. Gerade damals war der von Karl Brugmann besorgte erste Band des *Grundrisses der indogermanischen Sprachen* in seiner ursprünglichen Fassung in Vorbereitung, vielleicht sogar schon im Druck; Meyer begann, mit der Möglichkeit zu spielen, ein Brugmann der Romanistik zu werden, in scharfer Abkehr von dem, was gerade damals (Mitte der achtziger Jahre) Hugo Schuchardt, der Gegner der Junggrammatiker, unternahm. Natürlich mußte Meyer ein Gesellenstück fertigstellen, ehe er sich an ein Meisterstück wagen konnte. Und dieses experimentelle Gesellenstück ließ nicht lange auf sich warten.

Schon einige Wochen nach der Drucklegung der Dissertationsschrift entschloß sich Meyer, versuchsweise der Gröberschen *Zeitschrift* seine „Beiträge zur romanischen Laut- und Formenlehre" vorzulegen, was er auch ohne Verzug tat: am 29. Februar 1884 (wohlgemerkt, eines Schaltjahres!) unterbreitete der junge schweizerische Forscher den ersten Teil seines Aufsatzes („Die Behandlung tonloser Paenultima") dem Herausgeber der Zeitschrift, der den außerordentlichen Wert dieser knapp 40 Seiten langen Arbeit sofort erkannte und es irgendwie fertigbrachte, sie binnen einiger weniger Monate — noch im Jahre 1884 — zu veröffentlichen. Am 5. März 1885 sandte Meyer den zweiten, nur um ein weniges längeren Teil nach Straßburg, betitelt: „Zum schwachen Perfektum", der wiederum mit erstaunlicher Schnelle, noch im gleichen Jahre, erschien. Gröber dürfte in Wilhelm Meyer ohne Verzug ein Wunderkind erkannt haben, das die einzelnen romanischen Sprachen mit erstaunlicher Virtuosität manipulierte. Der sensationelle Erfolg dieser schnellstens aufeinanderfolgenden Veröffentlichungen verhalf dem Züricher Privatdozenten Meyer zu einer beschleunigten Karriere, zunächst im Deutschen Reich, und zwar als außerordentlicher Professor an der Universität Jena, dann aber, vom Jahre 1890 an, als Ordinarius an der Universität Wien. Ein begeisterter Gröber erbat postwendend von Meyer einen Beitrag für seinen *Grundriss*, nämlich „Die lateinische Sprache in den romanischen Ländern", der pünktlich im ersten Band (1888) dieser Realenzyklopädie erschien; außerdem ist Meyer im gleichen Bande mit der Umarbeitung des von einem mittlerweile schwer erkrankten italienischen Kollegen stammenden Kapitels über die italienische Sprache vertreten. Meyer beherrschte also die Kunst, und hatte das nötige Wissen, um für erkrankte oder verdrossene Fachgenossen in einer kritischen Lage einzuspringen. Aus diesem in Zusammenarbeit mit Francesco D'Ovidio verfaßten Kapitel ist nur zwei Jahre später Meyer-Lübkes eigene *Italienische Grammatik* erwachsen, so wie die eben erwähnten „Beiträge" zum Fundament für die *Grammatik der romanischen Sprachen* wurden, deren erster Band ebenfalls im Jahre 1890 den Büchermarkt erreichte. Um diesen Erfolg eines knapp Dreißigjährigen zu krönen, begann, wiederum im Jahre 1890, die französische Übersetzung des Monumentalwerkes in Paris zu erscheinen, und zwar zunächst dank der Bemühungen Eugène Rabiets.

Vielleicht noch wichtiger als alle diese Einzelerfolge, so eindrucksvoll sie an sich auch sein mögen, war das dadurch geschaffene Klima einer straff organisierten, glatt funktionierenden Romanistik — einer gut eingeölten Maschine. Gröber war klug genug, sofort einzusehen, daß ein literarisch ausgebildeter Forscher wie er, der die Sprachwissenschaft letzten Endes als eine Liebhaberei, wenn auch mit großem Eifer und bemerkenswerter Denkschärfe, betrieben hatte, jetzt zugunsten eines jüngeren Mannes, der von Anfang an Sprachforscher war, zurücktreten mußte. Meyer-Lübkes meteorischer Aufstieg in dem Jahrfünft 1885 - 1890 fällt demnach gesetzmäßig und durchaus nicht zufällig mit dem Rücktritt Gröbers von der Frontlinie zusammen. Ob, in der Perspektive der Gegenwart, Meyer-Lübke damals einen wirklichen oder nur einen scheinbaren, pyrrhischen Sieg errang, bleibt einstweilen eine der ungelösten Kernfragen der Romanistik.

Randbemerkungen und Exkurse

I

Trotz aller Bemühungen Gaston Paris', der sich ja Tobler seit dem Jahr des gemeinsamen Studiums in Bonn unter Diez und Delius sehr verbunden fühlte, konnten nur zwei Bücher des Berliner Romanisten in französischer Übersetzung erscheinen. Die merkliche Abkühlung in den Beziehungen zwischen deutschen und französischen Wissenschaftlern gegen Ende des Jahrhunderts war ein Grund für diese Lauheit. Außerdem machte sich allmählich der Einfluß Joseph Bédiers fühlbar, dessen Vorstellungen von der erstrebenswerten Herausgabe mittelalterlicher Texte erheblich von denen abwichen, die Tobler (z. B. mit Rücksicht auf *Li dis dou vrai aniel*) schon im Jahre 1871 vorschwebten und auf die Meyer-Lübke in seinem Nekrolog sachkundig einging.

Ins Englische wurde keine einzige Schrift Adolf Toblers übertragen, was damit zusammenhängen mag, daß britische und amerikanische Romanisten eben auf Paris, Madrid und Florenz oder Rom, aber durchaus nicht auf Berlin, Wien oder Zürich hin traditionell orientiert sind. Immerhin greifen sie alle anerkennend und dankbar nach dem *Altfranzösischen Wörterbuch* (und wünschen insgeheim, die Kommentare wären auf französisch und nicht auf deutsch abgefaßt, was ja auch auf W. von Wartburgs *Französisches etymologisches Wörterbuch* zutrifft).

Von Toblers Schülern älterer Jahrgänge hat eigentlich nur einer, nämlich Karl Pietsch (1860 - 1930), eine Karriere in den Vereinigten Staaten, und zwar in Chicago, gemacht. Über sein Leben, seine Persönlichkeit und seine Veröffentlichungen erfährt man allerlei Wissenswertes aus der Sondernummer der Chicagoer Vierteljahrsschrift *Modern Philology* (Band XXVII, 4. Heft) vom Mai 1930, die natürlich auch Beiträge aus der Feder von Fachgenossen, darunter auch von direkten Schülern des Verstorbenen, enthält, aus denen man gewisse Rückschlüsse auf sein Ansehen ziehen darf. Wichtig für unser unmittelbares Ziel ist der einleitende Aufsatz seines vielleicht talentiertesten Schülers, G(eorge) T. N(orthup) (385 - 388), und vor allem Pietschs auf deutsch geschriebenes Selbstbildnis („Aus meinem Leben"), das er in seiner Vaterstadt Stettin im Jahre 1926 verfaßte. Pietsch war natürlich ein typischer Auswanderer alter Prägung wie der Schweizer Henry R. Lang —, nicht ein politischer Flüchtling, und die Wahl Chicagos (wo er zunächst an der Newberry Library, einem Forschungsinstitut, als „reference librarian" arbeitete) dürfte ihm nicht schwergefallen sein, denn Chicago war vor neunzig Jahren die von deutschen Auswanderern bevorzugte Metropole der Neuen Welt. Nach sechs Jahren intensiver bibliographischer Arbeit wurde er an die damals noch sehr junge University of Chicago berufen, wo es ihm im Laufe von dreißig Jahren gelang, umzusatteln: aus dem Kenner des Altfranzösischen, Provenzalischen und Italienischen wurde er ja allmählich ein vorzüglicher Alt-Hispanist.

Pietsch stammte, wie er selbst zugab, aus äußerst bescheidenen Verhältnissen und verdankte alle Erfolge seinem eigenen Fleiß und seiner Beharrlichkeit. Interessant ist in seinem Rückblick die Schilderung der damaligen Atmosphäre an der Berliner Universität: „Auf der Universität Berlin habe ich von Ostern 1879 bis Michaelis 1882 besonders neuere Sprachen (Französisch und Englisch) studiert, um einmal Lehrer oder Bibliothekar zu werden. Am meisten zogen mich Toblers französische, provenzalische und italienische Vorlesungen an. Ganz besonderen Nutzen brachten mir die Übungen seines Seminars, zu dem er mich während meiner beiden letzten Semester zuließ. An diesen Übungen nahmen unter anderen teil Cloetta, Meyer (-Lübke), Alfred Schulze, Schultz (-Gora). Näher trat ich Meyer, mit dem mich seit dieser Zeit Freundschaft verbunden [hat]. Wie schön waren doch die Abende, an denen wir auf unsern Buden provenzalisch lasen! Daß Meyer einmal ein großer Führer würde, dessen waren wir uns schon damals bewußt." Soweit Pietsch über seine eigenen Erlebnisse in Berlin. Seine Dissertation reichte er übrigens nach vielen Unterbrechungen (Anstellung als Hauslehrer, Militärdienst) anderswo, nämlich in Halle ein, wo er auch das Rigorosum im Herbst 1887, als „alter Knabe", bestand, dank der verständnisvollen Einstellung Hermann Suchiers; bald darauf wanderte er aus.

Merkwürdig mutet es den heutigen Leser an, daß Pietsch sich mehrmals auf seine englischen Studien im Laufe seiner Studentenjahre in Berlin bezieht; damit dürfte er hauptsächlich das Altenglische gemeint haben, denn er ist eigentlich nie — sogar nicht nach 35 Jahren ständigen Aufenthalts in den U. S. A.! — in den Vollbesitz der englischen Umgangs- und Schriftsprache gelangt. Sein Hauptwerk — die zweibändige kritische Ausgabe der *Spanish Grail Fragments* (Chicago University Press, 1924/25), ist denn auch von Northup aus dem handschriftlichen deutschen Original mühselig ins Englische übertragen worden. Daß so etwas überhaupt möglich war, wirft ein grelles Licht auf die Zustände in Chicago während des germanophilen Regimes von William A. Nitze.

Wie Northup richtig im Jahre 1930 bemerkte, „as a scholar Pietsch was pre-eminent as syntactician and text editor ... The notes, which far outweigh in interest and importance the text itself, contain more exact information about Old Spanish syntax than can be found in any other place." Das trifft, mehr als ein halbes Jahrhundert später, immer noch zu; und dies ist auch, meines Wissens, der einzige nachhaltige Einfluß, den Tobler in ganz unvermuteter Art indirekt auf die Hispanistik, weit von seiner Berliner Wirkungsstätte entfernt, je irgendwo ausgeübt hat.

Durch eine grausame Ironie des Schicksals ist es jedoch dazu gekommen, daß ein bis in sein Greisenalter unermüdlich tätiger Schüler Toblers, ein ehemaliger Berliner, nämlich Kurt Lewent, im Jahre 1941 in die Vereinigten Staaten verschlagen wurde, wo er schließlich, nach langen Bemühungen, eine Art Lektorat an der Columbia University in New York, N. Y. bekleidete und sogar einige Schüler ausbildete (darunter Joan Ferrante, die an der gleichen Universität noch heute lehrt). Wenn man bedenkt, daß einige provenzalistische Aufsätze aus Kurt Lewents Feder in den vierziger und fünfziger Jahren in den Vereinigten Staaten, und zwar auf englisch, in den dortigen Zeitschriften veröffentlicht wurden, dann ist es vielleicht nicht zu kühn zu behaupten, daß Toblers Methoden, Arbeitsweise und Vorstellungen — allen pessimistischen Erwartungen zum Trotze — doch noch im letzten Augenblick einen gewissen, wenn auch sehr leisen, Widerklang in Nordamerika fanden. Wahrscheinlich kennt man in Europa die Sondernummer der kalifornischen Vierteljahrschrift *Romance Philology*, die dem Andenken Lewents gewidmet war und auch ein (sehr gewissenhaft von Benjamin M. Woodbridge, Jr., mit Hilfe von Lewents Familienangehörigen zusammengestelltes) Schriftenverzeichnis des Verstorbenen enthielt, welches über alle weiteren Details unterrichtet; dieses Heft schließt den zwanzigsten Band der Zeitschrift ab und erschien im Mai 1967. Weniger bekannt dürfte die Tatsache sein, daß der Kern von Lewents wertvoller Privatbibliothek (darunter Vorlesungsnotizen in gut lesbarer Schreibschrift, die sich auf Toblers Kollegs beziehen), durch meine eigene Vermittlung von drei amerikanischen Universitätsbibliotheken aufgekauft wurden (University of California in San Diego, University of California in Berkeley und University of Illinois in Champaign-Urbana). Lewents unvollendete Manuskripte und allerlei philologisches Arbeitszeug wurde nach seinem Tode als eine Gabe der National Hebrew University in Jerusalem gespendet.

In diesem Zusammenhang möchte ich einen Zusatz zu meinem Aufsatz machen: „Between Heymann Steinthal and Adolf Tobler: Georg Cohn in Turn-of-the-Century Berlin", *Historiographia Linguistica*, V (1978), 237 bis 251. Die Library of Congress in Washington, D. C. besitzt ein Exemplar (wahrscheinlich ein Unikum) des folgenden maschinenschriftlich hergestellten Buches, das ich gern eines Tages einsehen möchte: *Französische Syntax; Vorlesungen von Adolf Tobler und Georg Cohn*, herausgegeben von Richard Wilson (Berlin 1897). Stammt die Maschinenschrift aus Georg Cohns Privatbesitz? Er ist wahrscheinlich bei dem zwangsweisen Abtransport nach dem Osten ca. 1942 umgekommen und seine Bibliothek dürfte aufgelöst worden sein.

Umgekehrt sind auch in den bestausgestatteten Bibliotheken der Neuen Welt fast völlig unbekannt zwei Arbeiten Toblers, die Meyer-Lübke in seinem Nachruf erwähnt: ein auf pädagogischen Gebrauch ausgerichtetes *Italienisches Lesebuch* und ein Probebogen der ursprünglichen Fassung des

Altfranzösischen Wörterbuchs, der in kleinster Auflage erschien und nur privat zirkulierte. Als Fr. Godefroys Wörterbuch zu erscheinen begann, schob Tobler, wohl unnötigerweise, seine eigenen seit den Studentenjahren gehegten Pläne *ad kalendas Graecas* hinaus.

Legt man an Tobler den Maßstab seiner Zeitgenossen an, so war er in einigen Beziehungen liberal, in anderen konservativ; manchmal fällt die Entscheidung schwer. So hat er junge Frauen schwerlich zum Studium unter seiner Anleitung angeregt (in krassem Gegensatz zu Meyer-Lübke; man bedenke das freundschaftliche Verhältnis dieses letzteren nicht nur zu Elise Richter, sondern auch zu Margarete Rösler, und zwar schon während seiner Wiener Zeit, d. h., vor 1916). Jedenfalls waren die ersten Berliner Romanistinnen von Format, nämlich Gertrud Richert und Eva Seifert, begabte Schülerinnen seines Nachfolgers Morf; beide unterrichteten an der Berliner Universität noch Ende der dreißiger Jahre (wo ich sie auch persönlich kennenlernte), allerdings nur im äußerst bescheidenen Rahmen eines Lehrauftrags. Bekanntlich hat sich Wendelin Foerster, an der Rheinischen Friedrich-Wilhelms-Universität zu Bonn, überhaupt geweigert, Frauen in sein Seminar aufzunehmen, während der Grazer Hugo Schuchardt die verzwickte Frage noch origineller löste: er hielt seine Seminare in seinem Haus (der „Villa Malvina") ab, und zwar im Schlafrock — unter dem Vorwand einer chronischen Erkrankung —, was die jungen sittlichen Damen fernhielt. Ob Tobler ein persönliches Vorurteil hatte oder sich einfach mit der Norm des lokalen Neuphilologenverbandes („Berliner Gesellschaft für das Studium der neueren Sprachen") zufriedengab, weiß ich nicht. Dagegen waren ihm jüdische Studenten oder Studenten jüdischer Herkunft, sogar Träger charakteristischer Familiennamen, durchaus willkommen, wie eben die beiden Fälle von Cohn und Lewent — bestimmt nicht die einzigen dieser Art — beweisen.

Wo es sich um Vorschläge zur Reform des neusprachlichen Unterrichts handelte, neigten Tobler und sein Freund, der Anglist Julius Zupitza, selbstverständlich zu der Seite, die die Disziplin und das Wissen betonte, was, wie Meyer-Lübke unumwunden berichtet, ihnen viele Feindschaften unter den Befürwortern der pädagogischen Seichtheit einbrachte. In diesem Lichte sahen zumindest die Konservativen die damalige Lage; das fortschrittliche Lager der Reformer, unter denen der bahnbrechende Phonetiker W. Vietor wohl die am schärfsten profilierte Figur war, deutete die Tatsachen und die Möglichkeiten ganz anders aus.

Noch ein Wort zur Literatur über Tobler: Erhard Lommatzsch verdankt die Nachwelt nicht nur den obenerwähnten Aufsatz über die ihm anvertrauten Toblerschen Materialien zum Wörterbuch, der nach langem Aufschub in den Sitzungsberichten der Bayerischen Akademie erst im Jahre 1965 erschien, sondern auch ein kurzes, reizvolles Wortporträt aus Anlaß des 100. Geburtstags seines Lehrers, das ursprünglich als Einleitung zu der

Neuauflage der *Proverbes*, also im Jahre 1935, und auch separat als kurzer Beitrag zur *ZRPh* erschien, dann aber in Lommatzschs *Kleinere Schriften zur romanischen Philologie* (Berlin: Akademie Verlag, 1954) Eingang fand. In den gleichen Sammelband wurden auch Lommatzschs ältere Arbeiten über Toblers Briefwechsel mit Diez und Morf (1944, 1931) aufgenommen — was um so berechtigter war, als Tobler selbst, in den achtziger und neunziger Jahren, sich kritisch mit mehreren Briefen von und an Diez beschäftigte (die jeweiligen Korrespondenten waren Heinrich Voss, Jacob Grimm und Moritz Haupt). Von ausländischen Romanisten hat sich eigentlich nur der Holländer Cornelis de Boer kritisch mit Tobler auseinandergesetzt, und zwar bei zwei Gelegenheiten: „Un grand syntacticien suisse: Adolf Tobler", *Vox Romanica*, IX (1946/47), 3 - 28 — der Text eines an der Universität Zürich gehaltenen Vortrags; „Adolf Tobler et le latin", *Mélanges de linguistique et de littérature romanes offerts à Mario Roques*, I (Paris, 1951), 15 - 20. Beide Arbeiten sind wertvoll: die erste beleuchtet den ganzen Werdegang des schweizerischen Gelehrten und bespricht in chronologischer Reihenfolge seine wichtigsten Veröffentlichungen; die zweite legt den Akzent auf die äußerste Sparsamkeit der Hinweise Toblers auf das Latein in den *Vermischten Beiträgen*, und auch in diesen relativ seltenen Fällen dient das Latein eigentlich nur sehr selten dazu, den Prototyp für eine romanische (fast ausschließlich altfranzösische) Erscheinung herzugeben, sondern bietet entweder eine einprägsame typologische Parallele und wechselt in dieser bescheidenen Rolle mit dem Deutschen und dem Griechischen ab, oder aber es figuriert nur im Titel einer Studie, um sozusagen das Etikett zu liefern für eine Erscheinung, die dann im Text nur auf romanischer Ebene weiter verfolgt wird. Darin, hätte C. de Boer ausführen können, liegt einer der einschneidenden Unterschiede zwischen Tobler und Meyer-Lübke.

Was übrigens die bibliographischen Hilfsmittel zur gegenwärtigen und künftigen Tobler-Forschung betrifft, so ist das von Rudolf Tobler aufgrund der Aufzeichnungen seines Vaters zusammengestellte Verzeichnis („Opera omnia", *Verm. Beiträge*, V, 479 - 514) noch immer maßgebend, aber doch nicht ganz zufriedenstellend. Zum einen wird ständig nur die Anfangsseite jedes Beitrags vermerkt, was heutzutage nicht mehr sehr üblich ist; zum anderen fehlen natürlich die postum veröffentlichten Werke. Auch wird auf die Besprechungen der von Tobler selbst stammenden Bücher prinzipiell keine Rücksicht genommen. Schließlich hätte man sich dringend einige notwendige Anhänge gewünscht: a) eine Liste der von Tobler geleiteten Dissertationen; b) ein Verzeichnis der von ihm im Rahmen der Sitzungen des Neuphilologischen Vereins gehaltenen Vorträge, über deren Inhalt ja das *ASNSL* jahrelang knapp und bündig unterrichtete, so daß die nötigen Materialien eigentlich schon vorliegen, allerdings arg verstreut sind; c) eine Zusammenstellung der von Tobler, namentlich in Berlin, gehaltenen Kollegs und Seminarübungen. Eine neue, erschöpfende Bibliographie — als eine Art Schlußbilanz gedacht — wäre demnach vonnöten; um wirklich nutzbar zu sein, müßte sie mit einem Register versehen sein *(Index Verborum, Nominum, Rerum)*, aus dem man dann mit einem Blick entnehmen könnte, wo und wann sich Tobler über bestimmte etymologische, phraseologische oder quellengeschichtliche Fragen ausgelassen hat.

Zum Schluß noch ein eher anekdotischer Wink: Tobler war im Ort Hirzel des Kantons Zürich geboren, und sein Leipziger Verleger hieß auch Hirzel. Ein reiner Zufall?

II

Die hier an Curtius' Gröber-Essay gerügte Einseitigkeit und Launenhaftigkeit trifft auch auf seinen Diez-Essay (1944), der im gleichen Sammelband aus dem Jahre 1960 vertreten ist, voll zu. Das Unheil beginnt mit scheinbar belanglosen bibliographischen Ungenauigkeiten, wie wenn Schuchardts *Der Vokalismus des Vulgärlateins* von drei plötzlich auf vier Bände anwächst (S. 427); dann kommen merkwürdige, sogar verdächtige Lücken, wie wenn Curtius sich untersteht, in seine nicht gerade kurze Liste der in den achtziger Jahren einflußreichen Straßburger Geisteswissenschaftler (S. 432) Theodor Nöldeke (1836 - 1930) nicht aufzunehmen, den Stolz der deutschen Orientalistik, der in den Jahren 1872 - 1906, wie uns jedes bessere Konversationslexikon belehrt, an der Kaiser-Friedrichs-Universität in Straßburg tätig war — als Koranforscher, Semitist, Literaturhistoriker und vorzüglicher Kenner der sassanidischen und frühislamischen Geschichte. Fritz Neumann wird mit einigen Zeilen in einer Fußnote abgetan (S. 441); wahrscheinlich hatte Curtius keine Ahnung, daß dessen schmales Bändchen *Zur Laut- und Flexionslehre des Altfranzösischen* in mancher Hinsicht einen Wendepunkt darstellte. Das Porträt Gottfried Baists verzeichnete Curtius leider vollkommen (S. 441 - 444), denn man kann nicht über diesen Hispanisten schreiben ohne die geringste Rücksicht auf sein für die damalige Zeit recht bemerkenswertes Etymologicum, dessen Tragweite der amerikanische Romanist David A. Pharies auf meinen Rat hin erst vor kurzem erschloß, und zwar in einem Beitrag zur *ZRPh;* auch auf dem schlüpfrigen Boden der hispano-arabischen Lautlehre hat Baist Bemerkenswertes geleistet. Ich bedauere, hier Curtius eines Vorurteils bezichtigen zu müssen; aber die Tatsachen, von denen ich ja nur eine kleine Auswahl biete, sprechen für sich.

Im Hinblick auf den späteren großen Erfolg der *Zeitschrift* und auf ihr langes Leben, entbehrt es nicht eines gewissen Interesses (vielleicht sogar einer gewissen Pikanterie), Gröbers knapp vier Seiten langem Vorwort zum ersten Bande zu entnehmen, wie er sich eigentlich die Zukunft dieses Unternehmens dachte und wie er das Risiko überhaupt rechtfertige.

Zunächst erfährt der Leser aus einer geschmackvoll verschleierten Andeutung, daß die neue Zeitschrift als ein Ersatz für eine kürzlich bedauerlicherweise eingegangene gedacht ist. Damit kann nur das oben erwähnte *Jahrbuch für romanische und englische Literatur* gemeint sein, das — zunächst von A. Ebert lanciert (Bd. I-III, Berlin, 1859-61; Bd. IV-V, Leipzig, 1862-64) — zuletzt von L. Lemcke mit wechselndem Erfolg herausgegeben wurde (Bd. VI-XV, Leipzig, 1865-76). Die näheren Umstände für den Untergang des *Jahrbuchs* werden von Gröber nicht erwähnt und sind mir unbekannt.

Obwohl Gröber sich das Vergnügen versagt, auf den erweiterten Rahmen seiner eigenen *Zeitschrift* durch programmatischen Einbezug der Sprachwissenschaft und der Philologie näher einzugehen, berichtet er gerade über die noch zahlreichen klaffenden Lücken auf den Gebieten der Lautlehre, Grammatik, Mundartenforschung und Onomasiologie, deren schleunigste Füllung er, wie es scheint, als dringender empfindet als viele an sich reizenden Desiderata der Literaturgeschichte. Viele der damaligen Forderungen Gröbers wirken heute als prophetisch; durchaus nicht alle jedoch sind mittlerweile in Erfüllung gegangen. Hier nur einige wenige Auszüge, die das von Curtius verzerrend gemalte Porträt sofort widerlegen:

„So die Chronologie der Entwicklung der romanischen Laute, namentlich in der Zeit vor dem Erwachen der romanischen Literaturen, in welcher Beziehung man das die Sukzession der Lautgesetze oft verratende gegenseitige Sich-Hemmen und Bedingungen derselben noch verwertet hat; die lautphysiologische Erklärung für Vokal- und Konsonantenwechsel, die noch nirgends selbst für so einfache Vorgänge wie das Erstehen von Verschlußlauten zwischen Liq[uiden) und Explos-[iven], oder Liq[uiden] differenter Organe ausgesprochen ist, oder sich auf Darlegung des Mechanismus bei der Entwicklung von Vokal- und Verschlußlauten, geschweige denn auf schwierigere Seiten der Lautlehre erstreckte. Dringlich geradezu sind vollständige Nachweise der Kriterien für den gelehrten Ausdruck in den romanischen Sprachen und Dialekten zu nennen, wenn die linguistische Argumentation nicht oft noch der Strenge entbehren, wenn Zweifel an der ausnahmslosen Geltung der Lautgesetze beseitigt werden sollen."

Hier glaubt man den ersten romanistischen Widerhall auf den gerade vor kurzem veröffentlichten Aufsatz von Karl Verner zu hören. Bemerkenswert ist auch der abschließende Satz des Vorworts:

„Den internationalen Charakter der romanischen Studien auch äußerlich zum Ausdruck zu bringen, und deutsche Forschung im Ausland, ausländische in Deutschland zu vermitteln, wird die Zeitschrift in deutscher und den bekanntesten romanischen Sprachen abgefaßte Beiträge darbieten."

Allerlei Bemerkenswertes kann man dem — „Weihnachten 1887" datierten — Vorwort Gröbers zu seinem *Grundriss* entnehmen. Er bezieht sich darin auf einen schon im Handel erhältlichen *Grundriss der englischen Philologie*, den man natürlich nicht mit der Darstellung des Englischen in Pauls *Grundriss* verwechseln darf. Interessant, wie das so zu sein pflegt, sind einige leichte Indiskretionen; so verrät Gröber nebenbei, daß es ursprünglich seine Absicht war, auch ein Kapitel über „die Stellung gewisser romanischer Sprachen zum Kreolischen" einzubeziehen; ist es wirklich schwer zu erraten, auf welchen Mitarbeiter er Mitte der achtziger Jahre hinzielte? Gern hätte man sich darüber belehren lassen, welche anderen ursprünglich vorgesehenen Abschnitte aus unvoraussehbaren Gründen wegfallen mußten — aber das Autodafé, dem Gröbers gesamte Korrespondenz im Jahre 1910 zum Opfer fiel, macht es so gut wie unmöglich, seine ursprünglichen Pläne, Enttäuschungen usw. aus brieflichen Quellen wiederherzustellen. Lesenswert im Vorwort sind schließlich die Reaktion des Herausgebers auf einige kritische Würdigungen der ersten Faszikel und die Hinweise auf gelegentliche Widersprüche in den Darlegungen der einzelnen Mitarbeiter; obwohl er geflissentlich keine Namen nennt, handelt es sich in dem von ihm angeführten Fall von frz. *lui* um die zwei sich widersprechenden Analysen, die Meyer-Lübke und Suchier vorgebracht hatten.

Aus H. Pauls viel kürzerem Vorwort erfährt man, daß der Grundstein zu seinem Sammelband schon im Jahre 1885 gelegt wurde, also noch vor der eigentlichen Drucklegung des Gröberschen Bandes, und daß die einzelnen Lieferungen des *GGPh*, I in den Jahren 1889 - 1891 an die Abonnenten abgingen. Man liest weiter, daß für den *GGPh* zunächst ein Triumvirat verantwortlich war: Kluge, Paul und Sievers, die denn auch alle drei im ersten Band reichlich vertreten sind. Andererseits war Gröber von Anfang an auf sich selbst angewiesen, nicht zuletzt weil es unter den Romanisten seiner Zeit eben keinen Ebenbürtigen gab, was die zwei notwendigen Eigenschaften, Elastizität und Arbeitsfreude, anlangt.

III

Nicht uninteressant für die innere Entwicklung Meyer-Lübkes ist die Tatsache, daß seine einzige nichtromanistische Arbeit größeren Ausmaßes im Jahre 1889 in Paris, und zwar als Bd. LXXVIII der Bibliothèque de l'École pratique des Hautes Études, mit einer Einleitung Jean Psicharis erschien; wahrscheinlich wurde die Untersuchung noch Mitte der achtziger Jahre, etwa 1886/87, ausgeführt. Es handelt sich um die Ausgabe eines didaktischen Textes aus dem 17. Jahrhundert, nämlich der *Grammatica linguae Graecae vulgaris*, wahrscheinlich von Simone Porzio verfaßt; die Textausgabe ist mit einem grammatischen und geschichtlichen Kommentar ausgestattet: vielleicht wollte Meyer-Lübke, bevor er sich endgültig und unwiderruflich dem Studium des Vulgärlateins verschrieb, sein Glück mit dem „Vulgärgriechischen" (d. h. Neugriechischen) versuchen. Jedenfalls gebrach es ihm, der ja von Hause aus Indogermanist war, nicht an einer gründlichen Kenntnis des Griechischen.

Wie ich schon bei einer anderen Gelegenheit ausgeführt habe, ist es merkwürdig, daß er mit einer einzigen Ausnahme (Johan Vising im fernen Göteborg) seine Bücher indogermanistischen, und nicht etwa romanistischen, Freunden und Kollegen zu widmen pflegte: Johannes Schmidt (einmal zu dessen Lebzeiten, das andere Mal *in memoriam*), Rudolf Meringer, Karl Brugmann, Gotthold Gundermann. Schon viel früher erwähnte W. Meyer, im Zusammenhang mit seiner Dissertation, nur Heinrich Schweizer-Sidler (1815 - 94) als seinen Lehrer, unter Vernachlässigung solcher Züricher wie J. Ulrichs und H. Morfs; bei Schweizer-Sidler hatte auch Tobler gehört, und man verdankt ihm die Verdeutschung (1872) der Vorlesungen Ascolis. Siehe auch meine Miszelle „New Light on Meyer-Lübke?", *Romance Philology*, Bd. XXX, Fasz. 4 (Mai 1977), S. iii - iv. Man gewinnt zuweilen den Eindruck, als habe Meyer-Lübke fast widerwillig die Vertretung der Romanistik in Jena (1887) übernommen.

Inhalt

Jürgen Trabant: Yakov Malkiel und die Berliner Romanistik .. 5

Kurt Baldinger: Yakov Malkiel 18

Promotionsurkunde 51

Eberhard Lämmert: Glückwunsch 54

Yakov Malkiel: Tobler, Gröber und der junge Meyer-Lübke 58

Printed by Libri Plureos GmbH
in Hamburg, Germany